조선대학교 재난인문학연구사업단
재난인문학 연구총서 06

'경계'에서 본 재난의 경험

* 이 책은 2019년 대한민국 교육부와 한국연구재단의 지원을 받아 수행된 것임
(NRF-2019S1A6A3A01059888)

조선대학교 재난인문학연구사업단
재난인문학 연구총서 06

'경계'에서 본 재난의 경험

초판1쇄 인쇄 2023년 2월 10일
초판1쇄 발행 2023년 2월 24일

기획   조선대학교 재난인문학연구사업단
지은이   가게모토 츠요시(影本剛), 남상욱, 도미야마 이치로(冨山一郎),
         사쿠가와 에미(佐久川惠美), 심정명, 윤여일, 최고은, 후루카와 다케시(古川岳志)
펴낸이   이대현
편집   이태곤 권분옥 임애정 강윤경
디자인   안혜진 최선주 이경진
마케팅   박태훈

펴낸곳   도서출판 역락
출판등록 1999년 4월 19일 제303-2002-000014호
주소   서울시 서초구 동광로 46길 6-6 문창빌딩 2층(우06589)
전화   02-3409-2060
팩스   02-3409-2059
홈페이지 www.youkrackbooks.com
이메일   youkrack@hanmail.net

ISBN   979-11-6742-449-5 94300
       979-11-6742-220-0 (세트)

재난인문학
연구총서
06

조선대학교 재난인문학연구사업단

'경계'에서 본 재난의 경험

◆

가게모토 츠요시(影本剛)·남상욱·도미야마 이치로(冨山一郎)
사쿠가와 에미(佐久川恵美)·심정명·윤여일·최고은
후루카와 다케시(古川岳志)

역락

『'경계'에서 본 재난의 경험』 간행에 부쳐

2011년 3월 11일, 일본 도호쿠에서 일어난 대지진과 쓰나미는 수많은 인명피해를 가져왔다. 일본에서는 이 재난을 어떻게 기억할지, 약 2만 명에 이르는 희생자들을 어떻게 추모할지를 둘러싸고 여러 방면에서 논의가 이루어졌다. 잇따라 발생한 후쿠시마 제일원자력발전소 사고로 인한 방사능 오염의 확산은 후쿠시마라는 지명이나 '3.11'이라는 숫자를 세계적으로 유명하게 만들기도 했다. 이를 계기로 독일과 대만 등은 탈원전으로 나아가기도 했다. 일본과 지리적으로 가까운 한국에서도 경계를 넘어 영향을 미치는 방사능에 대한 우려가 제기되었고, 이는 후쿠시마 원전의 오염수 방출을 둘러싸고 지금도 계속되는 문제이기도 하다.

한편, 지난 2019년 12월 말 중국의 우한 지역에서 첫 환자가 발생한 후, 2020년 3월 11일 세계보건기구가 팬데믹을 선언한 뒤로 지금까지 세계적인 코로나 유행은 완전히 사그라들지 않고 있다. '포스트 코로나'가 여러 곳에서 논의되기 시작되었다는 데에서 알 수 있듯 코로나 팬데믹 이후 여러 가지 변화가 일어났지만, 이 같은 전염병이 사회의 취약계층에 더 큰 영향을 미친다는 것 또한 분명해졌다. 재난은 일견 평등하게 일어나는 것처럼 보이지만, 그것이 미치는 여파는 그렇지 않았던 것이다. 바이러스가 신체의 경계를 넘어서 이동하는 만큼, 글로벌한 이동이 광범위하게 이루어지는 오늘날의 세계에서 신체와 국민국가의 경계가 어떠한 기능을 하고 있으며 해야 하는지를 다시금 물을 수밖에 없는 조건이 계속되고 있다고 하겠다.

이러한 시대적 상황 속에서 본 사업단은 총 7년간의 사업 기간 가운데 절반을 넘어선 4년의 시간을 연구 아젠다인 <동아시아 재난의 기억, 서사, 치유-재난인문학의 정립>을 위해 노력해 왔다. 2단계 1년 차인 지난해는 재난이 끼친 영향과 그에 대한 대응의 문제를 조명함으로써 '재난인문학의 정립'에 한 걸음 더 가까이 가기 위한 접근법으로 학술세미나, 포럼, 초청특강, 국내 및 국제학술대회 등의 다양한 학술행사와 함께 사업단 내부 구성원 및 국내외 학술 네트워크 구성원이 공동으로 참여하는 협동 연구 모임인 클러스터(cluster) 운영을 통해 아젠다를 심화하기 위한 노력을 다각도로 시도하였다. 이러한 노력의 성과물 중 하나로, 동아시아 그중에서도 한국과 일본에서 대지진이나 팬데믹과 같은 재난이 사람들에게 어떻게 경험되었는지를 고찰한 성과물을 모은 것이 이 총서이다.

개개인의 다양한 경험 속에서 분명해졌듯, 재난의 피해는 경계가 없이 일어나는 동시에 기존의 경계를 더욱 강화하는 역할을 하기도 한다. 일례로 방사능과 바이러스는 경계를 넘어서 신체에 침투한다는 공포의 대상이 되지만, 바로 그렇기 때문에 국경을 넘어서 전파되는 피해에 대한 두려움을 가중시켰다. 한편으로 해외에도 큰 충격을 준 동일본대지진 같은 재난은 그럼에도 불구하고 내셔널한 맥락에서 종종 이야기되었고, 코로나19 팬데믹은 전 세계적인 재난이면서도 피해 규모와 백신 공급의 격차에서 볼 수 있듯 계층이나 지역 간의 간극을 더욱 두드러지게 만들었음을 우리는 보아왔다. 그 가운데에서 재난을 직간접적으로 겪은 사람들은 통계조사로 나타나는 숫자나 미디어가 보도하는 사실들만으로는 아우를 수 없는 다양하고 복잡한 경험을 하게 된다.

이 총서에서는 동일본대지진과 코로나19 팬데믹을 중심으로, 다양한 경계선 위에 위치한 연구자들이 직접 경험한 것에 바탕을 두고 재난을 '경계'라는 관점에서 사유한 글들을 담았다. 필자들의 공통되면서도 다른 경험들을 통해 흔히 대립되는 것으로 그려지는 한일의 경계를 다시금 고찰하는 동시에, 동아시아라는 사정거리 속에서 재난을 어떻게 바라볼 수 있을지 또한 모색하고자 하였다. 총서에 참여한 필자들은 한국과 일본, 혹은 두 나라를 오가면서 활동하는 연구자들로, 역사학, 문학, 사회학 등 다양한 학문분과를 아우르고 있다. 1995년의 한신아와지대지진의 경험, 후쿠시마 원전사고 이후의 '자발적' 피난자들, 쓰나미의 죽음을 다룬 문학, 쓰나미 피해 지역의 현재를 묻는 잡지의 실천, 재난과 정치의 관계, 코로나 팬데믹이 대학의 비정규직에 가져온 영향, 한국 혹은 일본이라는 두 나라의 경계 위에서 생활인으로서 겪었던 팬데믹 등 다양한 경험을 통해 재난과 경계라는 물음에 응답하고자 시도한 필자들의 적극적인 참여에 감사드린다.

코로나19 시대를 지나면서 비로소 그 선명성을 분명히 하고 있는 기후위기를 비롯하여 지난 10월 29일 밤 10시 15분경, 서울의 한복판인 용산구 이태원에서 발생한 참사를 경험한 지 얼마 되지 않은 상황이고 보니 일상화된 재난의 무게가 우리를 짓누르고 있음을 부인하기 어렵다. 더욱이 올겨울 우리가 경험하고 있는 폭설과 한파의 무게 또한 만만치 않은 것이니만큼 재난공동체의 사회적 연대와 실천이 아니고서는 이 재난의 시대를 살아내기가 쉽지 않은 일이라고 할 것이다. 연대의 가능성을 모색하기 위해서라도 우리의 삶 속에서 다양한 것들로 여겨지는 '경계'들이 재난과 어떠한 관계를 맺는지를 다시금 생각해야 할 때다.

아무튼 다양한 연구자의 공동의 인식과 사유의 결과가 한 편의 글로 기술되어 한 권의 책으로 묶이기까지 한국과 일본의 경계를 오가며 일정을 조율하고 번역의 수고까지 아끼지 않은 본 사업단의 심정명 교수께 이 자리를 빌려 깊은 감사의 말씀을 드린다. 또한 이 책이 독자들과 대면할 수 있게 되기까지 편집과 출판에 최선을 다해 주신 역락출판사의 이대현 사장님과 이태곤 이사님을 비롯한 편집진들께도 진심으로 감사의 말씀을 전하는 바이다.

2023년 1월
조선대학교 인문학연구원 재난인문학연구사업단장
강희숙 씀.

차례

제1장

경계에 물음을 던지다

제3장

경계에서 경험하다

'불요불급(不要不急)'한 신변잡기   145
ー온라인 강의와 마스크와 파칭코 이야기

_ 후루카와 다케시(古川岳志)

제1장

경계에 물음을 던지다

모이는 장소를 위해

도미야마 이치로(冨山一郎)

번역: 심정명

1. 경계

예전에 미술가인 고야마다 도루(小山田徹), 미디어 활동가 구보타 미오(久保田美生)와 함께 매년 정기적으로 '작은 불을 둘러싸다'라는 이벤트를 연 적이 있다. 이 '작은 불을 둘러싸다'는 1995년 1월 17일 한신아와지(阪神淡路)대지진의 기억과 관련이 있는데, 거기서는 지진 직후에 생겨난 모닥불과 그 불을 둘러싼 사람들의 모습을 재현하고자 했다. 이 지진은 겨울에 발생했고, 그 추위 속에서 사람들은 불을 피우고 함께 모닥불을 둘러싸고 밥을 먹으며 대화를 주고받았다. 그것은 확실히 재해의 광경이지만, 거기에는 이제까지의 사회적 위치나 질서가 붕괴한 해방감이 있었다. 이 해방감을 재난 **후**의 시작 지점으로 확보하고자 한 것이 이 이벤트였다.

한신아와지대지진이 일어난 해, 나는 고베(神戸)에 있는 대학에서 근무하고 있었다. 지진 직후부터 대학은 살 곳을 잃어버린 사람들이 찾아오는 장소가 되었고, 교직원과 학생은 하나가 되어 지원 물자를 분류하는 등의 작업을 하고 있었다. 그러고 있는데 텔레비전에서 논객을 하던 매스컴 출신의 같은 대학 유명 교수가 텔레비전 카메라를 이끌고 내가 있는 대학에 취재를 하러 온 적이 있다. 학생들이 이 교수의 행동을 거세게 비난하던 기억이 난다. 대학에서는 새로운 관계가 생겨나고 있었다. 하지만 이 교수는 여전히 해설자로서의 자신을 놓으려 하지 않았던 것이리라.

동일본대지진이 일어난 2011년, 미디어가 하나같이 도호쿠(東北)의 비참함과 부흥을 보도하는 가운데 고등학생들이 피난소 생활을 다음과 같이 돌아보는 기사가 있었다. "실은 지금 기억하는 지진 경험이라고 하면 밤중에 다 같이 모여서 논 것밖에 없다."[1] 이 고등학생은 줄곧 '즐거웠다'고 말한다. 물론 거기에 슬픔이나 비참이라고 표현할 수밖에 없는 사건이 없다는 말이 아니다. 또 이러한 즐거움이 일종의 심적인 방어기제와 무관한 것도 아니다. 하지만 지진을 통해서 처음으로 생겨난 관계성이 존재한다는 것, 그리고 그것을 이 고등학생이 즐겁다고 표현한 것은 분명하다.

재해는 이제까지의 질서가 붕괴하는 일이기도 하다. 리베카 솔닛이 말하듯,[2] 거기서는 확실히 새로운 관계성이나 장이 여기저기서 생겨났다. 하지만 가령 이 피난소의 고등학생을 취재한 기자는 기사에서 다음과 같은 해설을 붙인다. "평소와 같은 생활이 재개되기를 고대하고 있다." 굳이 도식화한다면, 여기서는 평소로부터의 이탈에 따르는 즐거움이 평소로의 복귀를 고대하는 목소리로 치환되고 있다. 게다가 선의와 동정으로. 이 기자는 자신이 무엇을 지워버렸는지 모를 것이다. 그리고 이러한 선의로 가득한 무의식적 치환은 사회 문제를 해설하는 양심적 지식인이나 연구자에게 종종 나타날 것이다. 이 글에서 생각하고자 하는 것은 이 같은 소거에 맞서 재난 속에서 생겨난 새로운 관계성이나 장(場)을 계속시키기 위해서는 어떻게 하면 좋을까라는 문제다. 또 이를 생각하는 출발점으로서 나라는 존재를

---

1 『朝日新聞』 조간 14면(2011년 12월 29일).
2 レベッカ・ソルニット, 『災害ユートピア―なぜそのとき特別な共同体が立ち上がるのか』, 高月園子訳, 亜紀書房, 2010[리베카 솔닛, 정해영 옮김, 『이 폐허를 응시하라』, 펜타그램, 2012].

놓아보려 한다.

한신아와지대지진 때는 내가 사는 교토(京都)도 흔들렸다. 고베에 조모와 작은 어머니 가족이 있어서 걱정을 하고 있었는데, 조모가 갇혀있다고 연락해 왔다. 곧장 차로 달려갔지만 다카쓰키(高槻) 부근부터 움직이지 않게 되어 결국 발길을 돌렸다. 그 뒤 조모는 이웃 사람들이 꺼내줘서 안심했는데, 일주일쯤 지난 뒤 작은 어머니가 전화를 해서 집이 완전히 무너지는 바람에 작은 어머니의 딸 즉 내 사촌동생인 중학생 딸이 목숨을 잃었음을 알게 되었다. 장례를 치르고 싶지만 고베에서는 무리니까 교토까지 실어가 달라고 한다. 추운 계절이라고는 해도 언제까지나 시신 상태로 둘 수는 없다는 것이다.

시신을 옮기기 위한 드라이아이스를 차에 싣고, 친구와 둘이 고베로 향했다. 붕괴한 거리를 천천히 지나 도착한 것은 밤이었다. 전등이 켜지지 않는 중학교 강당의 바닥에는 온통 시신이 누워서 양초 불빛을 받고 있었다. 그 가운데 작은 어머니가 죽은 딸 앞에 꼼짝 않고 웅크리고 앉아 있었다. 다음 날 새벽에 교토에 돌아가서 그날 안에 장례를 마쳤다. 한신아와지대지진 이야기가 나올 때마다 그때의 내가 떠오른다. 그리고 "교토는 별로 안 흔들렸죠?"라는 말을 들을 때마다 내가 이 사건의 어디에 있었던 걸까 생각하며, 그 이상 설명할 수 없게 된다.

사건에는 경계가 있다. 특히 재해나 전쟁처럼 많은 사람들을 끌어들이는 사건에서는 피해자나 피해 혹은 당사자 같은 명칭으로 경계가 만들어진다. 그것은 공간적으로도 시간적으로도 존재하지만, 그 경계를 만들어내는 것은 사건 자체라기보다는 사후적인 이야기일 것이다. 모닥불을 둘러싸고 살아남고자 모여든 사람들을 피해자로서 한데 묶고, 미래를 향해 살아남으려 하고 있는 지금의 기쁨을 부흥으로 충전되어야 할 수요로 치환하며, 누가 피해자인지 어디가 피해지역인지 언제부터 언제까지가 재해인지를 결정하는 가운데 경계가 그어지고 사건은 경계로 둘러싸인 시공간으로 에워싸인다.

이렇게 경계를 통해 에워싸는 것이야말로 생기기 시작한 관계성이나 장을 지우는 일이다. 그리고 그 경계를 앞에 두고 내가 어디에 있는지 모르게 될 때, 나라는 내부성이 흔들리기 시작한다. 그때 나는 어디에 있었나? '한신아와지대지진'이라는 명칭으로 그 사건이 이야기될 때, 나는 어디서부터 그 명칭을 이야기하면 되는가?

사후적으로 구성된 경계를 앞에 두고 나는 어디에 있었는가라는 물음을 다시금 던져보려 한다. 사건을 둘러싼 경계 바깥에 있다고 생각했는데 실은 그렇지 않고, 피해자가 아니라고 생각했지만 실은 그렇지 않으며, 나는 그 장에 있었는지도 모르고 피해를 입었는지도 모른다. 혹은 경계의 안이라고도 밖이라고도 할 수 없는 근방에 있었는지도 모른다. 왜 사건의 근방에 있었다는 것을 몰랐나, 모르는 채 지나가버렸나? 그리고 왜 지금 사건이 선명하게 다시 떠오르는가? 이렇게 경계는 물음으로 뒤덮인다. 이것은 진실이 부상한다기보다는 어디에 있는지 보이지 않기 시작한 나를 매개로 사건과 관련된 경계가 흐려지기 시작하는 사태다. 그리고 나는 어디로 향하는가?

이 경계가 흐려지기 시작하는 사태에서 **나**라는 주어는 중요하다. 하지만 이는 '나의 경험'이라는 소유격을 뜻하지 않는다. 그보다는 경험에 소유격이라는 선을 두르고 있던 내가 경험을 앞에 두고 물음에 뒤덮이는 것을 말한다. 내게 일어난 일은 정말로 내게 일어난 일인가? 그것은 나에게만 일어난 일인가? 내가 아닌 누군가에게 일어난 일은 내게는 일어나지 않은 것일까? 지금 당신에게 일어나려고 하는 일은 이미 내게 일어난 일 아닌가? 내게 일어난 일은 나만이 아니고, 당신에게 일어나려고 하는 일도 당신만이 아닌 것 아닐까? 나라는 주어에서 시작되는 것은 자기와 타자의 관계와, 과거와 현재 그리고 미래의 시제를 나선상으로 왕래하는 물음이다. 이렇게 왕래하는 물음 속에서 사건의 경계는 흐려지기 시작한다. 그리고 여기서 생각하고자 하는 것은 이러한 나에서 시작하는, 나와 당신을 둘러싼 물음이 어떠한 공동성으로 열려가는가라는 문제다.

2. 아는 것의 상처

내가 좋아하는 드라마 중에 <카네이션>이라는 것이 있다.[3] 주인공인 이토코(糸子)의 어린시절 친구인 간스케(勘助)는 아시아태평양전쟁에 동원되지만 도중에 귀환하게 된다. 그리고 돌아온 간스케는 이른바 전쟁신경증이라고 할 만한 허탈한 상태였다. 이토코와 간스케의 어머니인 다마에(玉枝)는 너무나도 변해버린 간스케의 모습에 놀란다. 또 간스케는 여성을 만나면 공황을 일으키게 되었다. 그 뒤 간스케는 다시금 전쟁터로 동원되지만, 금방 전사하고 만다. 전사할 때의 모습은 자살 같았다고 한다. 어머니인 다마에와 이토코는 이러한 간스케의 변모와 죽음이 군대에서 지독한 일을 겪었기 때문이라고 확신한다. 또 전사 통지를 받은 다마에는 전쟁에서 지독한 일을 겪은 간스케를 생각하며 스스로도 피해자로서 마음을 닫는다. '전

---

3   2011년에 NHK에서 방영, 각본은 와타나베 아야(渡辺あや).

후'가 오고 다마에는 1971년에 세상을 떠나지만, 죽기 직전에 다마에는 전시기에 일본군이 무엇을 했는지를 병원 텔레비전을 보고 알았다며 병실에 찾아온 이토코에게 이렇게 이야기한다.

간스케는 어지간히 지독한 꼴을 당했다고 생각했거든. 그 애는 그래서 그렇게 돼 버렸다고. 그런데 아니었어. 그 애는 한 거였어. 그 애가 한 거야.

"그 애가 한 거야." 그 순간, 간스케의 허탈한 상태나 괴로워 보이던 모습이 전장에서 '한 거야'라는 가해의 징후로서 어머니인 다마에를 덮친다. 그때 다마에의 시선은 천장을 응시한 채 움직이지 않는다. 마치 고통을 견디면서 그래도 안다는 행위를 수행하고자 하는 듯하다. 거기서는 안다는 행위는 지식이나 정보를 새롭게 손에 넣는 것이 아니라, 몰랐다는 자신의 역사와 함께 있다. 또 그렇기 때문에 아는 행위는 아픔을 동반하는 것이리라. 천장을 응시하는 다마에 옆에서 이토코도 그 아픔을 받아 안으며 고개를 푹 숙이고 눈물을 흘린다. 이토코에게도 그것은 다마에와 마찬가지로 아픔과 함께 안다는 영위였다.

그런데 재해나 전쟁으로 인한 상처는 심적인 상처일 경우 종종 트라우마라는 말로 논의되며, 피해자라는 존재에 체내화되어 있는 심적인 상처로서 이해된다. 하지만 트라우마는 과거의 사건의 상처로서 자연물처럼 피해자 내부에 존재하는 것이 아니다. 그것은 사건을 사후적으로 말로 하고자 하는 행위 속에서 그 사건이 말 바깥으로 벗어나는 수행적인 사태다. 즉 과거가 기점인 것이 아니라, 사건을 상기하고 말로 하고자 하는 지금이 문제다.[4] 달리 말하면 상처는 과거의 사건을 말로 하고자 하는 그 행위와 관련되며,

군이 말하자면 과거의 경험이 아니라 상기한다는 그 행위와 관련된 경험이다. 과거의 사건은 피해자 속에 상처로서 미리 존재하는 것이 아니라, 상기의 경험으로서 지금 등장하는 것이다. 그리고 그 경험은 상기와 함께 나타나는 사건이 늘 말 바깥으로 비껴난다는, 되풀이되는 실패의 경험이다. 이때 상처가 생긴다. 상처는 과거 속에서 운명 지워진 것이 아니라, 사건을 말로서 확보하고자 하는 행위와 함께 있다.

이러한 상처를 재해나 전쟁 같은 사건 후를 어떻게 함께 살아갈 것인가라는 문제로서 생각해 보자. 여기서 말하는 '함께'라는 공동성은 이미 있는 집단의 속성이나 객관적으로 설명되는 사항이 아니라, '나'라는 존재가 상처와 함께 산다는 것에서 발견되고 생성되는 관계성으로서 존재한다. 또 '상처와 함께'라는 것은 과거에 기인한 '나의 상처'라는 의미가 아니라 사건을 말로 하려고 하는 행위와 관련되며, 수행적으로 구성되는 '함께'를 뜻한다. 여기서 사건이 직접 각인한 상처라는 데에서 벗어나 과거의 사건을 상기함으로써 등장하는 상처라는 점을 주시한다면, 정희진이 지적하는 다음과 같은 역사와 나의 관계는 무척 중요할 것이다.

안다는 것은 상처받는 일이어야 한다고 생각한다. 안다는 것, 더구나 결정적으로 중요하기 때문에 의도적으로 삭제된 역사를 알게 된다는 것은, 무지로 인해 보호받아 온 자신의 삶에 대한 부끄러움, 사회에 대한 분노, 소통의 절망 때문에 상처받을 수밖에 없는 일이다.[5]

4   이러한 트라우마 이해에 대해서는 松島健, 「トラウマの時間性」, 田中雅一・松島健編, 『トラウマを生きる』, 京都大学人文科学研究所, 非売品, 2018을 참조.
5   정희진, 『페미니즘의 도전』, 개정증보판, 교양인, 2020, 31쪽.

경계로 에워싸인 재해나 전쟁이라는 사건이란, 아는 일이 없게끔, 혹은 기껏해야 밖에서 바라보며 관찰만 할 수 있게끔, "의도적으로 삭제된" 영역 아닐까? 그리고 이렇게 삭제함으로써, 즉 사건을 에워쌈으로써 질서라는 것이 성립하는 것 아닐까? 달리 말하면, 이 질서 속에서 산다는 것은 어딘가에서 이러한 삭제를 추인해 버리는 일이기도 하다. 그리고 여기서 정희진이 말하는 **안다**는 것은 경계를 전제로 해서 아는 것이 아니라 "무지"해도 됐던 것을 아는 일이며, 경계 바깥에서 그냥 넘기던 나라는 존재의 경계가 흐려지기 시작하는 일이다.

이때 나라는 존재는 부끄러움과 절망과 분노와 함께 말로 할 수 없는 상처를 획득한다. 또 이러한 상처와 함께 안다는 것은 경계로 에워싸인 내부 영역을 아는 것이 아니라, 자신이 살고 있는 질서를 분노와 함께 수면 위로 드러내는 영위와 다름없다. 이 질서는 재해나 전쟁이라는 사건을 경계로 에워싸고 미리 삭제한다. 그리고 삭제된 것은 산 자든 죽은 자든 많은 사람들이 살고 있는 장소이기도 하다. 전쟁 피해자로서 전후를 살아온 다마에가 죽기 직전에 발견하는 것은 죽은 아들인 간스케만이 아닐 터이다.

안다는 것이 상처가 된다는 말은 경계가 담당해 온 이러한 사전적인 삭제를 뛰어넘는 상상력이 움직이기 시작하는 일이고, 삭제돼 있던 많은 사람들이 모습을 드러내기 시작하는 일이다. 거기서 비로소 함께 살아간다는 말이 의미를 지니기 시작하지 않을까? 처음에 말한 경계에서 나와 당신을 왕래하는 물음이란 이러한 안다는 행위 속에서 시작되는 것 아닐까?

3. 자기 자신을 이야기한다는 것

　　이러한 안다는 행위를 조금 더 사고하기 위해 이로카와 다이키치(色川大吉)가 실천한 '자기사(自分史)'에 대해 이야기해 보겠다. 이로카와가 말하는 자기사에 대해서는 이를 이로카와가 역사학자로서 시도한 것으로 보고, 다양한 논의가 이루어졌다. 또 그것을 구술사라는 역사학 방법으로 받아들이는 경우도 많다. 하지만 앞질러 가자면, 여기서 생각하고자 하는 안다는 것에는 학문적 지식 자체에 대한 비판도 포함된다. 이로카와 본인에게도 역사학자라는 자기 인식은 강하지만, 오히려 이러한 자화상에 다 담기지 않는 이로카와의 자기사에 주목하려 한다.

　　여기서 다루는 것은 1975년에 간행된 이로카와의 『어느 쇼와사: 자기사의 시도』(中央公論社)이다. 쇼와사라는 표현에서도 알 수 있듯 이 책은 아시아태평양전쟁 속에서 성장해 자기 자신도 학도 동원으로 전쟁에 참가한 이로카와 자신이 스스로가 걸어온 도정을 쓰는 시도이다(쇼와(昭和)란 일본의 연호로 1926년 12월 25일부터 1989년 1월 7일까지의 기간이다: 옮긴이). 또 쇼와라는 연호를 사용한 표제에서는 천황제 특히 히로히토(ヒロヒト)를 문제 삼고자 하는 의도를 엿볼 수 있다.

　　이 책 첫 부분에는 "내가 이러한 시대에 몸을 둔 한 사람으로서 자문한다"[6]라고 되어 있는데, 이러한 시대에 몸을 두고 자문한다는 데에 이로카와의 자기사의 근간이 있다고 할 수 있을 것이다. 이는 사후적으로 구성된 사건의 경계를 앞에 두고 나는 어디에 있었는가라는 물음을 다시금 던져보

6　　色川大吉, 『ある昭和史-自分史の試み』, 中央公論社, 1975, 32쪽.

는 일이다. 즉 역사 속에 있던 자신을 자신이 자문하는 것이다. 거기서는 역사 속에 있는 자신과 돌아보는 자신이 자문이라는 물음 속에서 왕래하게 된다. 또 그러한 자문에서는 이로카와가 살아온 "전후까지의 20년"[7]이 매우 중요한 시간으로 존재할 것이다.

이렇듯 자신과 자신을 왕래하는 물음에서는 "지금 생각하면", "지금에 와서 생각하면", "상상할 수가 없었다", "꿈에도 생각지 못했다", "알 턱이 없었다" 같은 변명 같은 말이 거듭 등장한다. 이러한 말은 집필 당시의 이로카와가 사료나 연구를 통해 알 수 있었던 역사와, 그러한 역사와 동시대에 있던 자신을 나란히 놓으면서 쓰이고 있다. '시대에 몸을 둔다'는 것은 단순한 과거를 말하는 것이 아니라 과거에 구태여 자신을 놓아본다는 뜻이며, 몸을 두어야 할 그 과거란 굳이 말하자면 사후적으로 사료를 통해 구성된 역사학적인 과거다.

이로카와가 말하는 '시대에 몸을 둔다'는 행위는 쓰루미 슌스케(鶴見俊輔)가 전시기(戰時期)를 사고할 때 지적한 "내가 그때, 그 장소에 있었다면 어떻게 됐을까"[8]라는 물음이기도 할 것이다. 이것은 쓰루미에게는 사상에서 태도를 떼어내지 않는다는 뜻이기도 했다.[9] 즉 "어떻게 됐을까"라는 물음을 쓰루미는 태도의 문제로 생각하고, 이러한 태도를 묻지 않는 데에서 이야기되는 올바름을 비판한 것이다. 이렇듯 태도를 응시하는 가운데 쓰루미는

---

7 같은 책, 35쪽.

8 鶴見俊輔,「戰中思想再考−竹内好を手がかりとして−」,『世界』1983년 3월호, 岩波書店, 鶴見俊輔,『思想の落とし穴』(岩波書店, 2011) 수록. 같은 책, 90쪽.

9 "내가 전쟁 중에 깨달은 것은 사람의 사상을 신념만으로 보지 않고, 태도를 포함해 사상을 신념과 태도의 복합으로서 본다는 것" 鶴見俊輔,「戰時から考える」,『鶴見俊輔集8』, 254쪽.

"어느 사상 용어가 우파 기원인지 좌파 기원인지 하는 데에 구애받지 않게 됐다"[10]고 하며, 타자의 말을 자신의 말로 인용할 때 인용 문헌의 학회적인 의미나 의의가 아니라 "어떻게 됐을까"라는 태도와 관련된 물음을 우선 제기하고자 했다.

이로카와의 말은 확실히 변명조다. 동시에 그것은 그때 나는 몰랐다는 것의 확인이기도 하다. 하지만 이는 그때는 몰랐지만 지금은 안다는, 역사가로서 알고 있는 역사의 올바름을 주장하기 위해서가 아니다. 쓰루미가 "어떻게 됐을까"를 올바름에 대한 비판으로 확보했듯, 이로카와도 몰랐다는 것을 확인한 다음 그 몰랐던 자신을 문제 삼으려고 하는 것이다.

이로카와는 "자기 부정의 계기를 통해 역사의 전체상에 접근하고 싶다"[11]고 쓰는데, 거기에는 역사 속에 있는 자신을 찾아내고 그것을 자신이 부정한다는 사상적인 영위가 있는 것 아닐까? 달리 말하면, **자**(自)를 반복할 때 빠지는 나르시시즘을 계속해서 거부하는 것이 자기사가 아닐까? 거기에는 지금 역사가로서 알고 있는 역사라는 것과는 다른 안다는 동사가 존재하는 것 아닐까? 또 굳이 말하자면 이렇게 안다는 것을 통해 발견되는 것이 '새로운 역사상'이라고 이로카와가 말해 버린다는 데에, 역사가로서의 자신이라는 전제를 버리지 못하는 이로카와가 있는 것이리라. 하지만 나는 거기서 역사상보다는 다른 가능성을 사고하고 싶다. 그것은 앞에서 말한 사건 후를 '함께 살아간다'는 문제다.

역사학적인 앎과는 다른 맥락에서 이로카와가 안다는 동사를 발견하는

<hr>

10　鶴見俊輔, 「戰時から考える」, 桑原武夫編, 『創造的市民講座-私たちの学問』, 小学館, 1987, 『鶴見俊輔集8 私の地平の上に』(筑摩書房, 1991年) 수록. 같은 책, 254쪽.

11　色川, 앞의 책, 33쪽.

것은 '난징 사건' 즉 난징대학살이다. 이로카와는 확실히 이 사건을 몰랐다. 하지만 이 모른다는 사실 하나를 앞에 두고 이로카와는 그 시대 상황에 고착한다. 즉 만일 '진상'만 알았더라면 과연 그 사건을 저지할 수 있었느냐고 묻는 것이다. 진상을 둘러싼 이 안다/모른다는 굳이 말하면 정보의 문제다. 그렇기 때문에 이로카와는 이 물음 속에서 "진상이 지하 인쇄로든 심야 원서판으로든 몇 년 빨리 우리 사이에서 열람되었더라면"이라고 애석해한다. 이는 또한 지식인들의 문제이기도 할 것이다. 하지만 여기서 제기되는 것은 정말로 진상을 둘러싼 문제일까?

이로카와는 "여기까지 쓰고서 내 펜은 딱 멈춘다"[12]라고 하며 진상이 알려지지 않았다는 것이 정말로 핑계가 되는가, 만일 진상을 알았더라면 저지할 수 있었다고 할 수 있는가라는 물음을 거듭하면서 그런 "가정은 너무 무르지 않은가"[13]라고 말한다. 또 동시대에 전쟁 저지를 시도한 사람들도 있었다고 쓴 뒤, "하지만 이러한 사람조차"[14] 몰랐다고 다시금 물음을 반복한다.

이렇게 제자리를 도는 듯한 물음 속에서 이로카와는 어떤 결론에 도달한다. 즉 이로카와는 알고 있었던 것이다. "그 일단은 시골의 일개 중학생이던 나 같은 사람 귀에까지 확실히 들어왔다"라고 하며 다음과 같이 이어 나간다. 그것은 이로카와 집에 드나들던 'T'라는 트럭 운전사에게 들은, 전쟁터에서 여성을 폭행하고 학살했다는 이야기다.

---

12   같은 책, 66쪽.
13   같은 책, 66쪽.
14   같은 책, 67쪽.

일말의 후회하는 마음조차 보이지 않고 오히려 독살스러운 웃음을 얼굴에 띠고 자랑하듯 그 이야기를 할 때의 태도를 나는 평생 잊을 수가 없다. T는 일본에 돌아오면 선량한 노동자이고, 평범한 가정의 아버지이며, 예의 바른 상식인이었다. 그 사람의 표면적인 평정 속에 감춰진 무시무시한 인격의 붕괴는 제국주의 전쟁의 결과라고 정리하고 끝내기에는 너무나도 무참하다. 이러한 종류의 일본인이 이번 전쟁에서 몇 십만 명씩 태어났고, 지금도 살아남아 있다는 것을 우리는 한시도 잊어서는 안 된다. 그것이 자기 자신일지도 모르기 때문이다.[15]

'T'의 말로서 그는 알았던 것이다. 알 수 있었던 것이다. 진상을 몰랐다느니 하는 것은 속임수다. 알려주지 않기 때문에 몰랐다는 데서부터 지금을 사고하는 것이 아니다. '지금도 역시' 알고 있을 터이며, 거기서 떠오르는 진상이란 모르고 있던 과거의 먼 전쟁터의 정보를 말하는 것이 아니라 눈앞에 있는 'T'에 대한, 서민이자 아버지에 대한 것이다. 이로카와는 공간과 시간으로 둘러싸인 '난징사건'의 '진상'을 알았던 것이 아니다. '자기 자신일지도 모른다'라는 자기를 향하는 자문 속에서 난징대학살을 아는 것이다. 그리고 이러한 안다는 행위는 지금도 옆에 학살자가 살아가는 전후라는 시간과 학살을 수행하는 질서가 계속되는 중임을 드러내지 않을까? 무엇보다 중요한 것은 자신이 그 계속 중인 질서의, 즉 사건의 내부에 있다는 점이다. 그렇기 때문에 그것은 자기 자신일지도 모르는 것이다.

나는 이로카와의 이러한 자문이 역사학이라고 말할 생각은 없다. 그것은

---

15 같은 책, 68쪽.

분명 안다라는 지식의 문제이지만, 자신이 사는 세계가 학살을 계속하고 있다는 데서부터 시작돼야 하는 것은 그게 아니다. 또 인용한 부분에서 이로카와가 "우리는 한시도 잊어서는 안 된다"라고 쓰고 있는 것은 너무나도 역사가의 계몽적인 대사다. 이러한 계몽적인 지식이 아닌 가능성이 이 자문에는 있을 터이다.

자기사란 시대에 몸을 둠으로써 그 경계에 물음을 던지는 것이라고도 할 수 있다. 그리고 경계를 전제하는 것이 아니라 경계 자체를 문제 삼는 가운데 시작되는 안다는 행위 즉 경계에 에워싸여 있기 때문에 모르고 지나 갈 수 있었던 것을 안다는 행위가, 사건이나 사람들을 삭제함으로써 성립하는 질서를 그 내부에서부터 수면 위로 드러내는 영위라고 한다면, 이러한 안다는 것과 함께 시작되는 것은 대체 무엇일까?

자기사임을 명확히 내세운 『쇼와사』보다 더 전에 쓰인 이로카와의 글에 「6월에는 무거운 장맛비가 내린다」라는 것이 있다. 나중에 이로카와는 이 글을 자신의 저작인 『자기사』에 수록하지만,[16] 이 글이 자기사인지 아닌지는 지금 아무래도 상관없다. 이 글을 통해 생각하고 싶은 것은 시대에 몸을 둔다는 행위에 대해서다.

「6월에는 무거운 장맛비가 내린다」라는 글은 이로카와가 참가한 1960년의 이른바 안보투쟁과 그 뒤의 자신의 전개를 그린 것이다. 이 글에서 우선 주목할 것은 그것이 8년 뒤인 1968년에 쓰였다는 점이다. 1960년의 사건을 8년 뒤에 상기하고 쓰는 것이다. 왜냐하면 "1970년이 또 몇 년 앞으로 다가 오고"[17] 있기 때문이다. 1968년의 이로카와는 다가오는 1970년의 두 번째

---

16 色川大吉, 「6月には重い霖雨が降る」, 『明治の精神』, 筑摩書房, 1968. 후에 色川大吉, 『自分史—その理念と試み』, 講談社, 1992에 수록.

안보투쟁을 앞에 두고 1960년의 안보투쟁에 몸을 두려 하고 있다.

그러면 8년 전의 안보투쟁이라 명명된 사건에 스스로를 둠으로써 무엇이 발견되는가? 그것은 미일군사동맹이 얼마나 잘못됐는가도 아니고, 규탄해 마땅한 기시 노부스케(岸信介)나 자민당 정권도 아니다. 이로카와가 몸을 둠으로써 발견하는 것은 "비합법이 합법으로 변하"[18]는 순간이다. "사태는 확실히 바뀐다"[19]라고 이로카와는 중얼거린다. 이와 동시에 발견하는 것은 이 바뀌는 순간이 무참히도 압살당하는 광경이다. 그 광경 속에 등장하는 압살자는 경찰만이 아니다. 그것은 전위여야 할 일본 공산당이고, 대학인이며, 지식인들이었다. 이로카와는 전학련(全学連 전 일본 학생 자치회 총연합)이 국회에 돌입한 1960년 6월 15일에 이 사건의 모든 흐름을 집중시킨다. 또 살해당한 간바 미치코(樺美智子) 옆에 스스로를 두고자 한다.

비합법이 합법이 된다. 이는 역시 '법 정립적 폭력'(벤야민)이 나타나 '구성적 권력'(네그리)이 구성되기 시작하는 사태일 것이다. 또 그렇기 때문에 합법성 혹은 그것을 준수하고자 하는 양심적 시민의 이름으로 진압당한다. 이러한 '법 정립적 폭력'이 '법 보존적 폭력'으로 전화하기 직전의 영역에 이로카와는 몸을 두고자 한다. 즉 이는 유동적인 상태이고, 기존의 지도나 전위도 거기서는 전제되지 않는다. 그것은 커다란 물결이자 힘이다. 그 힘의 움직임 내부의 구성요소로 스스로를 위치시킬 때, 자신은 자신만이 아닐지도 모른다. 함께 짊어진다는, 혹은 함께 휩쓸리고 있다는 감각이 생길지도 모른다. "눈앞에서 용솟음치는 성난 파도의 흐름에 내 영혼을 맡겼다"[20]

---

17   色川, 『自分史』, 172쪽.
18   같은 책, 162쪽.
19   같은 책, 168쪽.

라는 이로카와의 말은 그러한 감각의 외침일 것이다. 힘을 구성하는 일부로서 힘을 받아낼 때 사람은 복수(複数)가 된다.

이로카와가 몸을 둠으로써 발견한 것은 이러한 힘이고, 그것을 구성하는 자신의 신체이며, 그 힘과 신체를 삭제하려고 하는 질서다. 이 바뀌는 순간에 획득하고 또 삭제되려 하는 스스로의 신체 감각을 이로카와는 안보투쟁 후의 감각으로서 "통각을 견딘다"[21]라고 표현한다. 그것은 1960년 이후의 시간을 사는 신체이고, 거기에 역사가 이로카와가 등장하게 된다. 즉 통각을 견디는 것은 "사상적으로는 저항과 퇴폐를 동거시켜 심부에서 맞서 싸우게 하는"[22] 영위이기도 하다. 이로카와는 이것이 "자신을 전문가로서 확립하는 길"[23]이라고 한다. 하지만 이 역사가는 미묘하다. 내게는 통각을 끌어안는 전문가보다는, 삭제의 폭력에 노출되면서도 힘을 구성하여 모습을 드러내고자 하는 신체가 행하는 앎이 더 중요하다. 그 앎은 삭제된 영역에 사는 사람들의 사고다. 경계에 물음을 던지는 데서부터 시작되는 것은 이러한 앎이 아닐까?

4. 모이는 장소를 위해

1906년 4월 18일에 미국에서 일어난 샌프란시스코대지진 발생

---

20   같은 책, 171쪽.
21   같은 책, 171쪽.
22   같은 책, 171쪽.
23   같은 책, 171쪽.

직후를 리베카 솔닛은 이렇게 그린다.

집을 잃어버린 사람들이 텐트나 문짝, 셔터, 지붕으로 임시변통해서 만
든 괴상한 가설 주방이 마을 곳곳에 출현하면 태평한 기분이 퍼져나갔다.
달빛이 비추는 긴 밤에는 어느 텐트에선가 기타나 만돌린 연주 소리가
들려왔다.[24]

이것은 서두에서 말한 '작은 불을 둘러싸다'에서 본 기억이 있는, 사람들
이 모닥불을 둘러싼 풍경이기도 할 것이다. 솔닛은 이를 '모이는 장소(the
gathering place)'[25]라고도 부른다. 하지만 이 다음 전개에서 이러한 '모이는
장소'는 삭제된다. 먼저 지진 후의 치안 유지를 담당한 펀스턴 준장이 이끄
는 군대가 구조라는 이름 아래 사람들에게 이동의 금지를 명하고, 노숙자로
간주된 사람들을 격리하며, 명령에 따르지 않는 자는 폭도로 사살했다. 또
당시 샌프란시스코 시장이던 슈미츠는 군이나 경찰관에 자유롭게 발포할
수 있는 허가를 주었다. 이는 실로 동일본대지진 직후에 도쿄 도지사로
재선된 이시하라 신타로(石原慎太郎)가 방재(防災)라는 이름 아래 이전부터
준비하던 것이기도 하다. 이시하라는 "재해가 일어났을 때는 커다란 소요사
건"이 일어날 수 있다고 하면서, 그러한 '소요'를 일으키는 자를 '삼국인(三
国人)'이라 명명하고 자위대에 무력으로 진압하도록 촉구했다.[26] 또 폭력에

---

24   ソルニット, 앞의 책, 29쪽.
25   위의 책, 26쪽.
26   内海愛子·高橋哲哉·徐京植, 『石原都知事「三国人」発言の何が問題なのか』, 影書房, 2000, 201
     쪽.

노출되면서 피해자로 분류된 사람들에 대해서는 구제가 시작된다. 구제는 이러한 폭력을 통한 종속화와 함께 수행된다. 하지만 솔닛은 다음과 같이 말한다.

주는 사람과 바라는 사람은 두 개의 다른 그룹이 되고, 받을 권리가 있음을 일단 증명하라고 요구하는 사람에게 먹을 것을 받는 데에서는 기쁨이나 단결은 생겨나지 않는다.[27]

사람들은 문답무용으로 에워싸이고 피해자가 된다. 여기서 경계가 시작된다. 경계가 그어지는 프로세스는 모이는 장소를 삭제하려고 하는 폭력의 현장이고, 구제라는 국가 개입의 장이기도 하다. 또 이러한 시작 상황에서는 재해만이 아니라 군사, 국가 등이 중첩되면서 전개된다고 할 수 있을 것이다. 재해에는 전쟁이 겹쳐져 있는 것이다.[28]

경계를 당연한 전제로 두고 재해와 전쟁이 따로따로 존재한다고 간주해 버리면, 경계와 함께 삭제되어 가는 사람들은 점점 더 보이지 않게 될 것이다. 또 경계를 전제로 한다는 것은 폭력을 추인하는 일이 되고, 이는 동시에 모이는 장소가 가지고 있던 가능성도 놓쳐 버리는 일이 될 것이다. 다른 경로가 필요하다. 경계를 전제로 하고 사건을 사후적으로 이야기하는 것이 아니라, 경계 자체를 문제 삼으며 삭제된 사람들이나 모이는 장의 가능성과 함께 사건을 사고해 나갈 필요가 있다. 이 글에서 생각하고자 했던 것은

---

27 ソルニット, 앞의 책, 76쪽.
28 이 점에 대해서는 冨山一郎, 「3月11日から軍事的暴力を考える」, 冨山一郎・鄭柚鎭編著, 『軍事的暴力を問う―旅する痛み』, 青弓社, 2018을 참조.

이 가능성을 계속시키기 위한 앎의 모습이다.

앞에서 언급한 정희진의 아는 것을 둘러싼 논의에 주석을 덧붙이고 싶다. 이 안다는 행위를 짊어지는 자는 이미 삭제의 폭력에 노출되어 있는 것 아닐까? 이미 폭력에 노출되어 있음에도 불구하고 그것을 모르고 지나 왔다는 것, 폭력을 마치 남의 일처럼 여기고 살아왔다는 것을 부끄러움과 함께 아는 것 아닐까? 보호받아 온 이제까지의 현실이 붕괴하는 가운데, 폭력을 담당하는 분노할 만한 질서를 앎과 동시에 이러한 폭력에서 보호받을 수 있는 장소 따위는 없다는 것을 안다. 즉 나도 폭력에 노출되어 있음을 아는 것이다. 그때 폭력이 새겨온 역사는 남의 일이 아니다. 안다는 동사를 통해 야기되는 것은 폭력을 남의 일로 치부해 온 부끄러움과, 이미 남의 일이 아니라 스스로도 폭력에 노출되어 있다는 두려움과, 분노할 만한 질서에 맞서기 위한 자신들의 말이 바로 발견되지 않는 절망이 중첩되는 일이고, 거기서 상처가 생겨나는 것이리라. 그렇기 때문에 상처가 나지 않게끔 보호받고 있는 사람이 타자의 상처를 아는 것이 아니라, 아는 행위가 상처를 낳는다.

그런데 감염이라는 사건은 경계로 둘러쌀 수가 없다. 경계를 피해 살아왔을 터인데, 감염이라는 재난이 자신의 내부에 있음을 깨닫는다. 경계는 의미가 없었던 것이다. 내가 재난이고, 나는 어느새 위험구역 내부에 둘러싸여 있다. 나는 감염당했는가, 감염시켰는가? 어찌 됐든 어느새 감염돼 있다. 감염이라는 재난의 경계를 밖에서 바라보고 있는 줄 알았더니, 모르는 사이에 스스로가 그렇게 바라보는 대상 쪽에 있다. 이 모르는 사이의 역전, 사후적으로 알게 되는 이 역전이 감염이라는 재난의 경험 아닐까?

또 감염 대신 피폭이라는 말을 넣어보아도 좋을 것이다. 재난은 체내에 머물고, 반감기라는 등비급수적인 시간을 띤다. 그리고 그것은 삭제할 수 없다. 피폭은 경계를 넘어 침입해 오는 공포, 내부로 파고들어오는 공포이며, 신체 내부에 공포가 눌러앉는 사태다. 그 공포는 경계로 에워쌀 수 없고, 삭제도 하지 못한다. 그것이 감염이며 피폭이다. 또 반대로, 경계로 에워쌀 수 없는 사태를 억지로라도 가둬두고 배제하려고 할 때 더 흉포한 폭력이 발동될 것이다.

이러한 재난의 경험이 다양한 형태로 축적되고 있는 지금 상황은 경계가 어떠한 삭제의 폭력과 함께 있는지를 물을 좋은 기회일지도 모른다. 경계가 사회적인 권리들을 문답무용으로 빼앗고, 살아가는 것조차 부정하며, 애도하는 것까지 금지한다는 것을 지금이야말로 분명히 해야만 한다. 이 글에서 생각해 온 재해가 그렇듯, 감염에는 전쟁이 겹쳐져 있다. 그리고 살육은 예방이라는 말로 정당화할 수는 없다.

거듭 말하지만, 안다는 행위가 상처를 낳는다는 것은 스스로가 폭력에 노출되어 있음을 아는 일이기도 하다. 폭력에 노출되면서 모습을 드러내고자 하는 신체가 영위하는 앎이란, 폭력에 노출되어 있다는 신체감각과 함께 있다. 그렇기 때문에 그 신체감각은 폭력을 억지로라도 회피하려고 경계를 긋는 것으로 이어지리라. 역시나 무서운 것이다. 그때 앎은 정지한다. 하지만 거기에는 미래가 없다고 나는 생각한다. 그을 수 없는 경계를 억지로 계속 그은 곳에 미래는 없다. 바로 그렇기에 경계 긋기로 향하는 게 아니라 경계에 물음을 던져야만 하며, 그러기 위해서는 어떻게든 이 신체감각을 다른 것으로 바꾸어 갈 필요가 있다. 모이는 장소는 이러한 신체의 변용을 확보하는 장 아닐까? 이 같은 모이는 장소는 신체를 풀어주며 당장 말을 찾을 수 없어도 안심할 수 있는 장소여야 할 것이다. 그리고 여기저기에 이러한 장을 만드는 것은 가능하다고, 나는 생각하고 있다. 이 장에는 계속해서 묻는 신체는 있지만 경계는 없다.

후쿠시마(福島) 원전 사고와 관련된 선 긋기를 묻는다*

자력으로 피난한 사람들이 벼려온 말들

사쿠가와 에미(佐久川恵美)

번역: 심정명

* 이 원고는 「자신들의 '지금'을 알린다: 동일본대지진 피난자 모임 Thanks & Dream」, 『MFE(多焦点拡張)』 제3호(근간)에 실릴 예정인 글을 고쳐 쓴 것이다.

1. 시작하며

"너는 왜 후쿠시마 원전 사고를 연구해?"

이제까지 이런 질문을 여러 번 받았지만, 늘 바로 답을 할 수가 없다. 나는 도쿄전력이 소유한 후쿠시마 제일원전이 있는 후쿠시마현 출신도 아니고, 후쿠시마현 바깥의 방사선량이 높은 지역에 산 경험도 없으며, 피난을 한 경험도 없다. 하지만 내가 나고 자란 오키나와(沖縄)현에서 전쟁이나 기지나 차별의 기운을 일상 속에서 느꼈던 것처럼, 2011년 3월 11일부터 계속되는 후쿠시마 원전 사고에서 부당한 폭력을 느낀다. 그렇기 때문에 후쿠시마 원전 사고로 무슨 일이 일어나고 있는지 정보를 교환하고, 어떻게 살아가면 좋을지를 누군가와 함께 생각할 수 있는 장을 원했다. 지금껏 여러 사람들과 만나는 가운데 이러한 장을 찾고 있는 것이 나 혼자만은 아님을 알았다. 많은 사람들이 일본 각지에서 때로는 다른 나라 사람들과 이어지며 후쿠시마 원전 사고나 피폭의 영향에 대해 배우고 제도나 지원에 대한 정보를 교환해 왔다.

내가 지금 살고 있는 간사이(関西)에도 피난 중인 사람들이 이야기할 수 있는 장이 있다. 그중 하나가 동일본대지진 피난자 모임 쌩스 앤 드림(Thanks & Dream)이 주최하는 카페 이모니카이(Cafe IMONIKAI)다. 카페 이모니카이에는 지금까지 후쿠시마현에서 피난 온 사람, 도쿄(東京)도나 이바라키(茨城)현 등 간토(関東) 지방에서 간사이로 피난한 사람들이 오갔다[그림 1]. 참가자 다수는 피난 지시 구역 바깥에서 피난했다는 의미에서 '자주 피난'이나 '구역 외 피난'이라 불리는 상황에 있고, 때로는 피난을 함으로써 생기는 문제가 자기책임으로 취급되며 피난자 수의 통계에 들어가 있는지 조차 의심스러운 상황이다. 하지만 그런 가운데 참가자들은 서로 말을 주고 받고 벼리는 과정에서 스스로의 피난을 '자력(自力) 피난'이라 바꿔 말하며 자신들의 존재가 지워지지 않게 하기 위한 표현을 만들어냈다.

이 글에서는 카페 이모니카이에 모이는 사람들이 후쿠시마 원전 사고에 대해 이야기할 수 있는 장을 만들어온 경위를 따라가면서 쌩스 앤 드림의 활동 목적인 "피난자의 '지금'을 진지하게 전한다"에 담긴 마음에 대해 대표인 모리마쓰 아키코(森松明希子) 씨의 이야기를 중심으로 생각해보겠다.

여기서는 쌩스 앤 드림의 블로그,[1] 쌩스 앤 드림이 2017년에 편집·간행한 책 『3.11 피난자의 목소리: 당사자들이 직접 아카이브』, 쌩스 앤 드림 대표 모리마쓰 아키코 씨에 대한 구술조사,[2] 모리마쓰 씨의 저서 두 권(森松2013; 森松2021)을 실마리로 삼기로 하자. 또 나와 모리마쓰 씨의 만남에 대해서도 짧게 기록해 두겠다. 모리마쓰 씨와는 2020년에 후쿠시마현에서 열린 어느 재판 집회에서 만났다. 그 뒤 신형 코로나 바이러스의 확산으로 재회할 기회가 없다가, 2022년 3월 11일에 쌩스 앤 드림 블로그를 보고 알게 된 카페 이모니카이에서 재회한 뒤로 매달 한번 카페에서 얼굴을 마주하고

---

1 쌩스 앤 드림 블로그 http://sandori2014.blog.fc2.com/(2022.10.27.)

2 구술조사는 2022년 3월 30일에 교토시내에서(오전 중에 개최된 KBS교토방송노동조합이 주최한 '모임'에서 모리마쓰 씨가 강연한 내용을 ①, 오후에 인터뷰한 것을 ②로 했다), 2022년 4월 14일에 카페 이모니카이가 열리는 프리스페이스에서 이루어졌고, 2022년 7월 28일에 오사카 시내에서 초고를 확인받았다.

있다. 카페 이모니카이 참가자 중에는 피난자임을 주위에 알리고 싶지 않은 사람이나 사생활과 관련된 이야기를 하는 사람이 있기 때문에 안심하고 자유롭게 이야기할 수 있는 장을 파괴하지 않기 위해 그곳에서 보고 들은 이야기는 쓰지 않았다.

2. 피난 지시 구역 바깥에서 자력으로 피난한 사람들

(1) 통계에서 제외되는 "귀환 의사가 없는 분들"

후쿠시마 원전 사고로 원래 엄중히 관리해야만 하는 방사성 물질이 일본 정부가 설정한 피난 지시 구역을 넘어, 또 현 경계나 국경도 넘어서 퍼져 나갔다. 가령 모리마쓰 아키코 씨가 살던 후쿠시마현 고리야마(郡山)시는 후쿠시마 제일원전에서 서쪽으로 약 60킬로미터 거리에 있으며, 2011년 3월 15일의 공간방사선량이 사고 전의 약 137배에 해당하는 시간 당 8.26마이크로시버트(μSv/h)[3]가 되었다. 또 후쿠시마 제일원전에서 남쪽으로 약 110킬로미터 거리에 있는 이바라키현에서는 같은 날에 사고 전의 약 백 배,[4] 약 220킬로미터 떨어진 도쿄도에서는 사고 전의 약 21배[5]의 방사선량이 검출되었다.

3   福島県「福島県内各地方 環境放射能測定地(第3報)平成23年3月15日発表」https://www.pref.
    fukushima.lg.jp/sec_file/monitoring/m-0/sokuteichi2011.3.15.pdf(2022.10.19.)

4   NHK NEWS WEB「3月15日のニュース 東海村 基準値超の放射線値観測」https://www
    3.nhk.or.jp/news/genpatsu-fukushima/20110315/1300_s_toukaimura.html(2022.10.19.)

5   朝日新聞「新宿で通常の最大21倍放射線量 都「人体に影響ない」」https://www.asahi.com/
    special/10005/TKY201103150269.html(2022.10.19.)

방사선량이 상승함에 따라 피난 지시 구역 바깥에서 많은 사람들이 친척이나 지인을 의지해, 혹은 피난자를 받아들이겠다고 표명한 지역으로 자력으로 피난했다. 후쿠시마 원전 사고로 인한 피난자는 일본 전국에 있다고 여겨지며, 한국, 타이완, 오스트레일리아 등 해외로 피난한 사람들도 있다. 부흥청(復興庁 일본의 행정기관으로 동일본대지진의 부흥을 위해 2012년 2월 10일부터 2031년까지 3월 31일까지의 기간 동안 설치되어 있을 예정이다: 옮긴이)에 따르면 후쿠시마현 전체 피난자 수는 가장 많았던 2012년 16.4만 명에서 감소해 2022년 9월에는 약 3만 명이 되었다.[6] 그리고 쌩스 앤 드림의 활동 중심지인 오사카(大阪)부에는 후쿠시마현에서 온 피난자가 2022년 8월 시점에 260명 있는 것으로 되어 있다.[7]

하지만 이 통계에 포함되어 있지 않은 사람들이 존재한다. 피난자를 파악하는 방법이 부흥청, 현, 피난 전 거주지역·피난지역 지자체 등으로 통일되어 있지 않기 때문에 과거에 몇 개의 지자체에서 피난자 수의 통계 누락이 있었음이 발각되었다. 이에 대한 대응으로 부흥청은 각 도도부현(都道府県)에 피난자의 정의를 통지했지만, 거기서는 피난자를 "돌아갈 의사가 있는 사람"(青木2021)으로 정하며 전국 피난자 수의 통계에서 "귀환 의사가 없는 분"이나 "소재를 확인할 수 없었던 분"을 제외하고 있다.[8]

이렇듯 자력으로 피난한 사람들의 존재가 피난 지시 구역 내/외, 후쿠시

---

6   復興庁福島復興局2022「福島復興加速への取組 令和4年9月」https://www.reconstruction. go.jp/portal/chiiki/hukkoukyoku/fukusima/20220927_fukkokasoku.pdf(2022.10.19.)

7   福島県2022「県外への避難状況と推移 福島県集計資料令和4年8月1日現在(推移)」https:// www.pref.fukushima.lg.jp/uploaded/attachment/530783.pdf(2022.10.19.)

8   復興庁2022「全国の避難者数−福島県外避難者に係る所在確認結果−(修正) 令和4年7月8日」 https://www.reconstruction.go.jp/20220708_hinansyasyozai.pdf(2022.10.19.)

마현 내/외뿐 아니라 귀환 의사가 있느냐/없느냐에 따라 나뉘고, 피난자인지 아닌지가 일방적으로 정해진다. 하지만 피폭에서 몸을 지키기 위해 귀환할 수 없다고 생각하는 사람이나 경제적 사정이나 건강 영향에 대한 불안 등 다양한 요인으로 피난을 계속할지 돌아갈지를 결정하지 못하고 갈등하는 사람들도 있다(廣本2016). 그럼에도 불구하고 귀환 의사의 유무를 따지며 대답에 따라 통계에서 제외하고 존재를 지우는 것은, 사람들을 지금까지보다 더 필요한 제도나 지원을 받을 수 없는 구조로 내몰고 있다.

하지만 피난자를 통계 상 존재하지 않는 사람으로 만들어도, "누구도 지울 수 없는 사실이 거기에는 존재한다"(サンドリ2017:2). 뒤에서 쌩스 앤 드림이 편집·간행한 『3.11 피난자의 목소리』의 내용을 살펴보겠지만, 제목에서 알 수 있듯 많은 사람들이 '목소리'를 기록함으로써 피난 생활이나 자신의 존재 자체를 전하려고 해왔다. 모리마쓰 씨는 아카이브(archive)란 "중요 기록을 보존·보관하고 미래에 전달하는 것"이라고 설명하며 "피난자의 목소리를 뛰어넘는 아카이브는 없다는 자부심과 확신이 제게는 있습니다"라고 쓰고 있다(サンドリ2017:126). 공적 기록의 피난자 수에 포함되어 있는지조차 의심스러운 가운데, 피난 전 거주지나 피난 경위, 피난 형태가 저마다 다른 사람들이 스스로의 손으로 '중요 기록'을 만들고 보관하여 미래에 전달한다는 마음이 여기에 담겨 있을 것이다.

(2) "피난자의 '가해자'화"

다양한 차이가 있는 자신들의 '목소리'를 전하고 기록을 남김으로써 존재를 지우지 못하게 하는 것은 일방적으로 정해진 피난자의 정의를 뒤흔들며 피난자인가 아닌가라는 선 긋기를 묻는 실천일 것이다. 그리고 요즘 확산되고 있는 "피난자의 '가해자'화"와는 다른 길을 만들어내는 시도로서도 생각할 수 있지 않을까?

후쿠시마 원전 사고가 건강에 끼치는 영향에 대한 논의를 살펴보자. 애초에 방사선에 안전량이 없다는 것은 ICRP(국제방사선방호위원회)가 인정하고 있지만, 저선량 피폭으로 인한 건강 영향에 대해서는 국제적으로나 국내적으로나 과학적인 논의가 계속되며 불확실한 부분이 있다(今中2011). 뿐만 아니라 가장 방사선량이 높았던 후쿠시마 원전 사고 발생 당시에 개개인의 피폭량이 충분히 조사·측정되지 않았기 때문에(study2007;2015), 만일 암이나 백혈병 등에 걸렸을 경우 후쿠시마 원전 사고 때문임을 증명하는 것이 어려운 상황이다.

자신이나 가족의 몸에 어떤 영향이 생길지 모르는 불확실함이나 저선량 피폭의 영향을 증명하는 어려움이 있음에도 불구하고, 일본 정부나 각 기관은 불확실성이나 모르는 것을 논점에서 비켜 놓고 후쿠시마 원전 사고로 건강에 영향이 생겼다는 것은 증명되지 않았다고 설명해 왔다(가령 復興庁 2018). 문부과학성은 사고 발생 당시부터 "방사선의 영향 자체보다 '방사선을 쬐었다'라는 불안을 계속 품는 심리적 스트레스의 영향이 더 크다" 따위를 '올바른' 지식으로서 계몽하고 있다(文部科学省2011). '올바른' 지식이 있음에도 불구하고 피난 지시가 나오지 않은 지역에서 피난하는 것은 '부흥을 방해한다', '제멋대로'라고 비난받으며, 피난으로 생기는 문제는 자기책임으로 여겨지는 경향이 있다.

하지만 애초에 후쿠시마 원전 사고가 일어나지 않았다면 피난할 필요도 없었고, 사고가 발생한 뒤에 만들어진 피난 지시 구역, 배상이나 보상의 적용 범위, 피난자의 정의, 피폭의 '올바른' 지식 같은 부권주의적인 정책·

법 제도가 '자주 피난'을 만들어내 사람들이 "선택하고 싶은 선택지 같은 건 늘 없었다"(吉田2018:7)라고 말하게 하는 불합리한 선택을 강요하고 있다.

뿐만 아니라 방사성 물질이 자연히 줄어들기까지 기다릴 수밖에 없는 몇 십 년, 몇 백 년이라는 세대를 초월한 시간의 흐름이 불확실성이나 알 수 없음을 조장하고 언제 끝날지 모르는 피난 생활을 장기화시키며 경제적·정신적 부담을 가중시킨다. 모든 사람이 피난을 강요당하는 피난 지시 구역과는 달리, 피난 지시 구역 바깥에서는 가족들이 피난할지 말지 합의를 형성하는 데서부터 출발해야만 한다. 가족 모두가 피난하는 경우나 가정이 없는 사람이 단신으로 피난하는 경우도 있지만, 일 때문에 아버지가 원 거주지에 남고 어머니와 자녀만 피난하는 가족 분산형 모자 피난이 두드러진다. 피난 생활로 수입 감소나 지출 증가가 있고, 또 피난 형태를 불문하고 피난함으로써 부모 자식 관계, 부부 관계 등이 희박해지며 고독감을 느끼는 사람이 있다는 것도 알려져 있다(竹沢2022).

시간의 경과와 함께 이러한 여러 문제가 생기는 가운데, "피난의 자기책임화를 넘어 피난자의 '가해자화'라고 할 수 있는"(清水2022:131) 주장이 등장하고 있다. 2019년 9월에 열린 어느 항소심에서 정부 측이 한 주장을 보자.

> 자주 피난 등 대상 구역으로부터의 피난자에 대해 (중략) 피난 계속의 상당성을 긍정하고 손해 발생을 인정하는 것은 자주적 피난 등 대상 구역은 (중략) 거주에 적합하지 않은 위험한 구역이라고 보는 것과 마찬가지이며 자주 피난 등 대상 구역에 거주하는 주민의 심정을 해하고 나아가서는 우리나라의 국토에 대한 부당한 평가가 되므로 용인할 수 없다.[9]

정부 측 주장은 피난하는 것 자체가 "자주 피난 등 대상 구역"에 사는 "주민의 심정을 해하"는 "국토에 대한 부당한 평가"라고 본다는 것이다. 피난과 자기책임화를 둘러싼 문제를 고찰한 시미즈 나나코(清水奈名子)는 이를 강하게 비판했다. "이 주장은 결과적으로 판결에서 채택되지 않았지만, 원전 사고의 피해자인 피난자를 '가해자'로 바꿔치기하고 (중략) 정부나 도쿄전력의 가해 책임을 모호하게 만드는 것이다"(清水2022:131). 뿐만 아니라 후쿠시마현 내에서 생활하는 주민 사이에도 사고 영향을 불안하게 여기는 목소리가 있음에도 불구하고, 주민을 대상으로 한 '의향 조사'를 하지 않고 '주민의 심정'을 이야기하고 있다는 점도 지적한다(清水2022:131-132).

하지만 '가해자'화의 논리는 퍼져 있다. 2021년 5월에 환경성이 주최한 포럼에서는 사회학자인 가이누마 히로시(開沼博)가 "풍평의 원인이 되는 논리랄까 그런 사람의 말을 여기서는 '풍평 피해'라고 부르고 있다"고 말하고, 당시 환경장관이던 고이즈미 신지로(小泉進次郎)가 "스스로가 풍평 가해자가 되지 않는, 그런 마음도 가지"자고 호소했다.[10] 이제까지 '올바른' 지식 아래 '풍평 피해'라는 말이 쓰이며 피폭에 대한 불안이나 두려움을 이야기하는 것은 '편견·차별', '착각이나 오해'(復興庁2018)라는 의미를 부여해 왔다. 하지만 '풍평 피해'에서 '풍평 가해'로 의미 부여가 바뀜으로써 피폭 영향에 대한 불안·두려움을 이야기하거나 피난하는 것 자체가 가해 행위로 간주되고 언론을 감시하는 풍조가 강화되고 있다. 한번 '풍평 가해자'로 간주되면

---

9   原子力損害賠償群馬弁護団,「国の第8準備書面について」「第8準備書面 2019年9月11日」, p. 27 https://gunmagenpatsu.bengodan.jp(2022.10.21.)

10   環境省「福島、その先の環境へ。2021.5.23.対話フォーラムレポート」http://shiteihaiki. env.go.jp/fukushimamirai/sonosaki/dialogue/report_210523/(2022.10.21.)

일본의 부흥에 반한다는 의미에서 '비국민' 등이라 부르며 공격을 용인하는 구도가 만들어지고 있는 것이다.

3. 모리마쓰 아키코 씨의 피난 경위

하지만 이러한 상황이기 때문에 쌩스 앤 드림은 "피난자가 (중략) 진짜 속마음을 저마다 자유롭게 이야기할 수 있는" 장소를 목표로 "피난자의 '지금'을 진지하게 전"하는 활동을 전개해 왔다. '풍평 가해자'도 아니고 '불쌍'한 피난자도 아니며 누군가를 대변하지도 않는다. 한 사람 한 사람이 자기 나름의 발신 방법으로 자신의 생각을 전달할 수 있는 장을 향해 시행착오를 해 나가는 것이다(森松2021:355-359). 이 쌩스 앤 드림의 대표로 있는 모리마쓰 아키코 씨의 피난 경위를 살펴보자.

모리마쓰 아키코 씨는 1973년에 간사이 지방에서 태어나, 대학을 졸업한 뒤에는 의료단체에 취직했다. 그 뒤 의사로 일하던 남편과 결혼하여 후쿠시마현 고리야마시로 이주하고, 2008년에 장남, 2010년에 장녀를 출산했다(2022년 3월 30일 ②구술조사).

2011년 3월 11일, 고리야마시를 진도6의 흔들림이 덮쳤다. 모리마쓰 씨 일가는 전원 무사했지만 집이 살 수 없는 상태가 되었기 때문에 남편이 근무하는 병원으로 피난했다. 병원 대기실에 있는 텔레비전으로 후쿠시마 원전 사고를 처음 알았지만, 고리야마시에는 피난 지시가 내려오지 않아서 "솔직히 당시에는 위험도가 그렇게 와 닿지" 않았다. 오히려 식량 부족이 더 절실한 문제였는데, 병원이 단수를 하지 않았기 때문에 수돗물은 확보할 수 있었다(森松2013:16-20). 하지만 피난 생활에 들어서고 열흘이 지났을 때쯤, 고리야마시만이 아니라 약 200킬로미터 떨어진 도쿄도의 정수장에서도 지표를 웃도는 방사성 물질이 검출되어 유아에게 수돗물을 주는 것을 피하라는 보도가 있었다.[11] 하지만 모리마쓰 씨 가족은 식량 부족 속에서 수돗물을 마시며 연명해 오고 있었다.

물이라도 마시고 있으면 모유가 나와서 작은 애 하나 먹일 식량은 확보할 수 있다고 생각했거든요. 그야말로 '생명수'라 생각하고 목숨을 부지하기 위해 그 물을 계속 마셨어요. 하지만 그 물이 오염되어 있었던 거예요. 그래도 그 물밖에 없죠.(森松2021:68)

달리 마실 수 있는 것도 없는 가운데 '생명수'는 설사 방사성 물질이 들어있다고 해도 자신의 몸속을 돌아 모유가 되어 딸이 살아가기 위한 에너지가 됐다. 그 물을 "조금씩만"이라고 하면서 만 3세가 되는 아들에게도 주었다. "우리 부부는 애들을 내부 피폭시킨다는 것을 알면서 섭취할 결단을 내린 겁니다"(森松2021:71-72). 방사성 물질이 쏟아져 내리는 가운데, '생명수'는 자신이나 가족의 체내에 방사성 물질을 섭취하는 결단을 강요하는 물로 바뀌었다. 하지만 마실 때마다 결단을 내린다 한들, 피폭의 영향은 자기 혼자만의 몸이 아니라 아이들의 몸에도 미칠지 모른다는 불안과 공포가 남는다.

11　厚生労働省「福島県及び東京都における水道水中の放射性物質の検出について平成23年3月23日」https://www.mhlw.go.jp/stf/houdou/2r98520000015zyp.html(2022.10.23.)

어쩌면 애들 건강에 피해가 생길지도 모른다, 아니, 벌써 생겼을지도 모른다는 불안과 공포예요. 내가 살아있는 한, 장래에 걸쳐 마주해야만 하는 불안과 공포가 있습니다.(森松2021:462)

이러한 불안이나 공포는 방사선으로 인한 건강 영향의 불확실함을 없는 취급하는 '올바른' 지식으로는 불식할 수 없다. 아이들은 어른보다 영향을 받기 쉽고, 또 피폭의 영향은 언제 어떻게 나타날지 모른다는 불확실함이 있다. 그로 인해 생기는 불안과 공포는 아이들의 행동을 제한하는 '안 돼, 안 돼 생활'로 이어졌다. 2011년 4월에 아들이 들어간 유치원에서는 피폭을 피하기 위해 긴 소매·긴 바지를 입히라고 지시했고, 마스크를 배부하며 밖에서 노는 것을 금지했다. 만 3세 아이는 혼나는 것이 싫어서 마스크를 쓰게 됐으며, 돌이 안 된 아이와 이동할 때는 업는 아기 띠를 써서 지면에 쌓인 방사성 물질로부터 조금이라고 거리를 두려고 의식했다. 이렇게 피폭을 피하기 위해 생활 세부까지 바꿔야만 하고, 아이가 유치원에 오가는 길에 꽃이나 돌 같은 것을 만지려 해도 "만지면 안 돼", "주우면 안 돼"라고 말하는 매일이었다(森松2013; 森松2021). '안 돼 안 돼 생활'은 "피폭 방호에 대해 뭘 어디까지 조심하면 되는지도 모르는 채, 아무도 가르쳐 주지 않고 아무도 구해주지 않는"(サンドリ2017:13) 가운데 세세한 행동 하나하나가 '궁극의 선택'이 되는 절박감을 포함한 것이었으리라.

이렇게 생활하던 가운데 남편이 5월 연휴를 이용해 아이들만 데리고 간사이에 단기 피난을 하라고 열심히 권해 왔다. 피난을 간 간사이에서 본 뉴스는 후쿠시마의 보도와 너무나도 달랐고, 방사능 오염의 심각성을 안 모리마쓰 씨는 남편과 의논해 급거 단기 피난에서 가족이 분산된 모자 피난으로 변경했다(森松2013:30-32). 남편은 일 관계로 후쿠시마에 남고 엄마와 아이들만 오사카시에 살게 됐다.

4. 오키나와시 사회복지협의회가 주최하는 카페 이모니카이

모리마쓰 씨가 피난을 간 오사카부 오사카시에서는 방사능 영향을 염려해 도호쿠 지방이나 간토 지방에서 온 피난자들이 늘어남에 따라 부에서는 2011년 3월 중순부터 일시 피난소나 상담 창구를 설치하고 주택 무상 제공 준비를 시작했고 시에서도 2011년 4월부터 일시 피난소를 개설하는 등 피난 수용 지원을 개시하고 있었다(大阪府2013).

또 후에 카페 이모니카이에 관여하게 되는 사회복지법인 오사카시 사회복지협의회(이하 사협)는 2011년 6월부터 2019년 2월까지 독자적으로 피난자를 위한 정보지 이모니카이(IMONIKAI)를 매달 발행하고, 오사카시 24구의 사협이나 오사카 변호사회와 협력하여 피난 중인 사람들이 갖가지 정보를 입수할 수 있게끔 활동해 왔다. 각지의 취직 상담회를 소개하고 피난자가 변호사와 접촉할 수 있게끔 안내하기도 했다. 뿐만 아니라 2012년 5월에는 "오사카부에 사는 동일본대지진 피난자가 부 어디에서나 필요한 지원을 받고 주체적인 생활을 할 수 있도록" 하는 것이 목적인 네트워크 '오사카부 피난자 지원단체 등 연락협의회'(통칭 안심넷 오사카(ホッとネットおおさか))를 발족했다.[12] 사협, 변호사회, NPO단체, 피난 당사자 단체 등이 연결되고 부

---

12 「ホッとネットおおさか 大阪府避難者支援団体等連絡協議会」チラシ https://ocvac.osaka-sishakyo.jp/document/pdf/2019/hotnetosaka.pdf(2022.10.25.)

시정촌(府市町村)이 옵저버로 참가하며 기업이나 학교 등 107개 단체(2019년 2월 시점)가 가입했다. 이러한 움직임에서도 알 수 있듯 사고 발생 이후 몇 년 동안은 특히 사협을 비롯한 많은 단체들이 피난자 지원에 힘을 주었다.

이러한 지원이 피난 중인 사람들에게 도움이 되는 한편, 모리마쓰 시와 아이들이 피난을 왔을 당시에는 자력으로 피난해 온 사람들이 만나서 깊은 이야기를 나눌 수 있는 장소가 거의 없었다. 피난에 대한 보상은 전혀 없는 것이나 매한가지였고, 그렇다고 해서 피폭의 불안이 있으니 피난을 그만둘 수도 없지만, 가족이 뿔뿔이 흩어진 피난이 아이들의 마음에 어떠한 영향을 줄지 모른다는 불안도 있다. "피난하는 것이 정말로 옳았는지"(森松2013:40) 고민하는 가운데 구원이 된 것은 던 센터(오사카 부립 남녀 공동 참가 청소년 센터)가 2011년 9월부터 개최한 피난자 교류회였다고 한다. 이 글에서는 던 센터의 교류를 다루지 않지만, 도호쿠나 간토에서 온 여성 피난자로 한정된 교류회는 격주 토요일에 개최되어 아이들을 다른 방에 맡겨두고 차분히 이야기를 나눌 수도 있었고, 교통비도 지급받을 수 있었다. 모리마쓰 씨는 여기서 처음으로 자기 외의 모자 피난자를 만나 고민을 나눠 가지고 "고생을 하는 건 나만이 아니구나"(森松2013:42-43)라고 구원을 받은 듯한 기분이 들었다고 한다.

하지만 일정이나 장소, 여성과 어린이 한정이라는 조건 때문에 이 교류회에 참가하지 못하는 사람들이 있다. 또 백중맞이 등 많은 사람들이 귀성하는 시기가 돼도, 피난한 사람들 중에는 강제 피난 중인 사람, 자력으로 피난했는데 방사선량이나 교통비 등 여러 이유로 돌아가고 싶어도 돌아갈 수 없는 사람들이 있다. 피난자를 위한 대규모 모임이나 바자회 등이 각지에서 열렸지만, 거기서 서로 알게 되기는 해도 깊이 이야기하기는 어려워서 모리마쓰 씨는 사협에 "필요한 건 이야기를 할 수 있는 장"이니 "빈 방을 개방해" 줄 수 없겠냐고 상담했다(2022년 7월 28일 구술조사).

그 결과 피난자라면 누구라도 참가할 수 있는 카페 이모니카이를 2012년 8월부터 매달 한 번 오사카 시내에서 정기 개최하게 됐다. 처음에 카페 이모니카이는 사협이 주최했는데, 그 뒤 모리마쓰 씨 등이 세운 쌩스 앤 드림이 인수한 것이다[표 1]. 이모니카이라는 명칭은 정보지 이모니카이와 마찬가지로 "도호쿠 지방의 명물 행사 이모니카이(芋煮会 이모니란 도호쿠 지방의 향토요리로 토란, 쇠고기, 곤약, 파 등을 넣어 끓인 냄비요리를 말하는데, 가을에 사람들이 모여서 야외에서 함께 이것을 만들어 먹는 행사를 이모니카이라 부른다: 옮긴이)"를 가리키며, 여러 지역 사람들이 이모니를 둘러싸고 따스함을 나누는 '가교'가 되겠다는 의미를 담았다(OCVAC 2011).

사협이 주최하는 카페 이모니카이에는 참가자 수가 고르지 않기는 했지만 적을 때에 5명, 많을 때에는 27명이 참가했고,[13] 후쿠시마나 간토에서 피난한 사람이나 아이를 데리고 온 사람의 모습이 눈에 띄었다. 아이 돌봄 자원봉사를 하는 학생, 변호사, 정신대화사[14]도 참가하여 변호사에게는 보상이나 취로에 대해 상담할 수 있고 정신대화사와 차분히 이야기를 나눌 수도 있으며 때로는 계절에 따라 이벤트를 즐기는 장이 되기도 했다. 모리마쓰 씨는 카페 이모니카이에서 다양한 경위로 피난한 사람들과 이야기를 나누는 가운데 간토에서 피난해 온 사람들의 지식양이나 정보량에 압도당

---

13 大阪市ボランティア・市民活動センター「おおさか災害たすけあいネット」https://osaka-saigai.jimdofree.com/(2022.10.25.)

14 내각부 인가 일반재단법인 멘탈 케어 협회가 인정하는 자격으로 의료 현장, 학교, 기업, 지자체 등에서 마음의 방문 케어를 한다(내각부 인가 일반재단법인 멘탈 케어 협회 홈페이지 https://www.mental-care.jp/(2022.10.25.)).

했다고 말한다.

실은 [간토에서 피난한 사람들은] 저 같은 사람보다 의식은 정말 높아요.
(중략) 한 발 바깥으로 나가면 '방사뇌'(放射腦 일본어로 방사능과 발음이
같은 이 말은 자신들이 보기에 방사능의 위험을 '과도하게' 걱정하는 이들
을 야유하기 위해 쓰인다: 옮긴이)라 불리는 엄마들의 실태는 공부에 엄청
열심이고 데이터에 근거해서[피난을 온 것이다]. 왜냐면 데이터가 없으면
아무도 이해해주지 않잖아요. 그 데이터를 꼭 쥐고, 증거라 생각하고 온
거예요.(2022년 4월 14일 구술조사)

후쿠시마 원전 사고로 인한 피해가 '후쿠시마의' 그것도 '피난 지시 구역
내의' 일로 한정되곤 하는 상황이 있어, 피난 지시 구역의 개념도에조차
포함되지 않는 지역의 방사능 오염이나 피난은 경시되기 쉽다. 이 때문에
모리마쓰 씨를 비롯해 피난 지시 구역 바깥에서 자력으로 피난해 온 사람들
다수는 고민하면서 피난 간 곳에서 "왜 아빠는 같이 데려오지 않아?" "원전
에서 몇 킬로미터 떨어진 곳에서 피난한 거야?"(2022년 3월 30일 ①모임) 하는
식으로 피난의 정당성에 대한 질문을 받는 경우가 많았다고 한다. 간토에서
피난한 사람에게는 그런 질문이 더 많이 던져지고, 개중에는 피난한 것이
주위에 알려지지 않게끔 전근이나 부모님 돌봄을 이유 삼아 숨듯이 피난하
는 사람도 있다.

그 가운데 카페 이모니카이에 참가하는 사람들, 특히 자력으로 피난해
온 사람들은 직접 조사하고 수집한 데이터를 "꼭 쥐고" 피난을 지속해 왔다.
카페 이모니카이에서는 방사성 물질이 축적되기 쉬운 버섯류 이야기나 어

느 국내 유명 식품 제조업체의 유제품에서 사고에서 유래한 방사성 세슘이 검출되었다는 정보 등 다양한 데이터가 오갔다. 뿐만 아니라 사고 발생 당시 쌀에서 기준치를 넘는 방사성 물질이 몇 번씩 검출되었다는 사실에 입각해 쌀을 먹지 않고 파스타나 우동 등 밀가루를 주식으로 삼는 사람도 있었다(2022년 4월 14일 구술조사). 이러한 데이터는 피난의 정당성을 증명하기 위해서만이 아니라, 피난을 간 곳에서도 방사선으로 인한 건강 영향에서 가능한 한 자기 자신이나 가족을 지킬 방법을 모색하기 위해 필요한 지식이 되기도 했다. 여기서는 피난의 정당성을 증명하는 "증거"를 "꼭 쥐고" 자력으로 피난했다고 해도 피폭 문제가 해결되지는 않아 피난을 간 곳에서도 피폭되지 않는·당하지 않는 방법을 모색하고 있는 모습이 떠오른다.

모리마쓰 씨는 몇 번이고 메모를 하며 배우고 참가자와 데이터나 지식을 교환하면서 "그 상황은 정말로 지독했다는 (중략) 확신으로 이어졌다"고 말한다. "무엇을 어디까지 조심하면 되는지도 모르는" 가운데 서로 말을 주고받음으로써 자신들을 둘러싼 현실을 확인하는 장을 만들고 스스로의 마음을 표현하는 말도 "벼려" 왔다(2022년 4월 14일 구술조사). 각자가 "꼭 쥐고" 온 데이터를 "증거"로서 공유하고 피폭되지 않는·당하지 않는 생활 실천을 모색하는 것은 피난한 사람들 사이의 공통 인식을 만드는 계기가 되기도 했을 것이다. 말을 벼리고 공통 인식을 만드는 것은 만일 몸에 이변이 생겨도 '심리적 스트레스'나 '채소 부족이나 염분 과다 섭취'(復興庁2018)라는 식으로 설명되는 것을 막고, 피해를 없었던 일로 하지 않기 위한 길을 여는 힘이 된다.

하지만 다른 한편으로, 말을 벼리는 과정에서는 후쿠시마에서 피난했느냐 간토에서 피난했느냐에 따른 차이가 부각되며 그 차이가 골이 될 때도 있었다고 한다. 이것은 가령 간토에서 피난 온 사람이 모리마쓰 씨에게 던진 "제염한 집에서 산다니[믿을 수 없다]" "당신은 세상 사람들이 보기에는 후쿠시마라고 하는 것만으로 시민권을 얻고 있다" 같은 말에 나타났다. 하지만 모리마쓰 씨는 이 말을 바로 부정하지 않고, 하나하나 "그렇구나 하고 꼭꼭 씹어서" "후쿠시마에서는 애초에 [현 바깥으로] 나가지 않아도 된다는 정보를 더 적극적으로 내보내고 있다"는 것, "후쿠시마 안에도 차별, 선 긋기가 있다"는 것을 전달해 왔다(2022년 4월 14일 구술조사).

공격적이라 여겨지는 표현도 "꼭꼭 씹어서" 자신이 보고 온 것이나 생각한 것을 전한다. 모리마쓰 씨에게 말을 벼린다는 것은 후쿠시마·간토 혹은 모자 피난·가족 피난·단신 피난 같은 차이가 골이 되어 나타나더라도 그 "골을 메우는 작업"(2022년 4월 14일 구술조사)이 되기도 했으리라. 차이를 메우는 것이 아니라 "골을 메우는" 것이다. 저마다 다른 경험이나 생각을 이야기하는 것이 피해나 아픔을 비교하는 것이 되지 않고 각자가 입은 피해를 왜소화하지 않는 장, 누군가를 잘라버리지 않는 장이 필요했던 것 아닐까?

5. 동일본대지진 피난자 모임 쌩스 앤 드림 설립

쌩스 앤 드림 설립 계기는 2013년으로 거슬러 올라간다. 「동일본대지진 부흥 재정 10년의 검증」을 쓴 이노우에 히로오(井上博夫)에 따르면, '동일본 부흥 특별 회계'의 세출액이 2013년도를 정점으로 감소하고 있고, 또 이재민 지원을 목적으로 한 '이재민 지원 종합 교부금' 금액은 제염 등의 하드웨어 사업에 비해 압도적으로 적다(井上2021). 모리마쓰 씨에 따르면,

이러한 교부금이나 조성금의 감소를 배경으로 이재민 지원에서 손을 떼고 "데리고 있던 피난자를 내팽개치는 그룹"이나 매체가 요구하는 "불쌍한 피난자"를 연출함으로써 "단체나 그룹의 생존을 달성하고 있는 것처럼 보이는" 사람들이 있었다. 그 결과 "지원에서 제외되어 피난자 모임에조차 발길을 옮기지 못하는 (중략) 피난자가 속출"하고 "목소리가 지워지는" 것에 강한 위기감을 품었다고 한다(森松2021:355-357).

또 2013년은 모리마쓰 씨 등 88세대 243명이 국가와 도쿄전력을 상대로 손해배상청구소송을 제기한 해이기도 하다. 피난 지시 구역 내/외, 후쿠시마현 내/외, 피난 형태의 차이뿐만 아니라 누가 원고가 되느냐/될 수 있느냐와 관련해서도 알력이 생겼다. "재판 원고에서 제외되는 피난자가 [생기면] 이대로는 또 분단이 진행된다"는 의견이 있는 한편, "전부 다 넣으면 [쟁점이 늘어나서] 판사가 이해하기 어려워진다"는 의견도 있었다고 한다(2022년 4월 14일 구술조사).

이렇듯 재판 원고가 되는 사람/되지 않는 사람/될 수 없는 사람, 나아가서는 조성금 감소를 배경으로 "불쌍"한 피난자 상이 강화되어 피난자 모임에조차 발길을 옮기지 못하는 사람이 있다는 것은 그들 스스로 누군가를 제외하지 않는 장을 만드는 움직임으로 이어져서, 2014년 9월에 동일본대지진 피난자 모임 쌩스 앤 드림을 설립하기에 이르렀다. 당시 후쿠시마현과 간토에서 피난 온 여성 두 명과 모리마쓰 씨 세 사람이 중심이 되어 "피난자가 주체적으로 활동하고 (중략) 피난자의 '지금'을 진지하게 전하는" 것이나 "재해 피난자 한 사람 한 사람의 존엄"을 지키는 자원봉사 활동을 하는 것을 목적으로 정했다(サンドリ2017:128). 쌩스 앤 드림의 기본에는 목소리를 발신하여 "피난자가 있다는 것, 존재 자체를 전하는 것"(2022년 4월 14일 구술조사)이 있다.

쌩스 앤 드림이라는 명칭의 경우, "지원을 받는 것을 당연하게 여기지는 않는" 사람들이 모인 드림팀이라는 의미에서 Dream을 붙이고 "의무적으로가 아니라 자발적으로 감사하는" 의미에서 Thanks를 붙였다. "지원을 당연하게 여기는 사람에게 못을 받아두는 동시에 감사를 강제하거나 강요하는데에 맞선다"는 표명으로서의 Thanks & Dream이고, 자신들이 할 수 있는 지원에 대한 "보은은 증언밖에 없다"고 생각했다(2022년 7월 28일 구술조사).

이러한 경위로 설립된 쌩스 앤 드림에서 볼 수 있는 '증언'은 피난 전 거주지, 피난 형태, 원고인지 여부 등으로 잘려 나가지 않는 방법을 모색하고 말을 벼리는 과정에서 만들어지는 '증언'이 아닐까? 이는 요구되는 피난자 상을 강화하는 '증언'이 아니라, 또 혼자서 '증언'을 짊어지는 것도 아니라, 다양한 차이가 있는 사람들과 말을 주고받으며 상대에게 통하게끔 말을 벼려서 '이야기할 수 있는 장 만들기'를 모색하는 복수의 관계와 함께 만들어내는 증언이 되고 있을 것이다. "이야기할 수 있는 장을 만들지 않으면 증언도 할 수 없"으며(2022년 7월 28일 구술조사), '증언'은 피난해 있는 사람들이 모이는 장을 넘어 그 말을 듣는 사람들 또한 후쿠시마 원전 사고로 일어난 일들의 증언자로 끌어들이는 것이다.[15]

그렇기 때문에 쌩스 앤 드림의 목적은 누군가를 지원하거나 누군가에게 지원을 받는 것이 아니라 "피난자의 '지금'을 진지하게 전하는" 데에 있다. 자력으로 피난을 계속하고 있는 상황에 대해 "아무도 주목하지 않고 뭣하면 지워질 수도 있는 존재지만 누구도 기록에 남기지 않는다. 남지 않으니까 우리 자신이 할 수밖에 없다"(2022년 4월 14일 구술조사)라는 실천의 형태

---

15 "이 나라에 살고 있는, 오늘 이야기를 들은 여러분도 증언자로. 왜냐하면 이 시대를 함께 살아가고 있으니까요."(2022년 3월 30일 ①모임)라는 말에서 시사를 얻었다.

이기도 할 것이다.

쌩스 앤 드림에서는 한 사람 한 사람이 가능한 범위의 일을 하면 되고, 회비 없이 자유롭게 드나들 수 있기 때문에 멤버가 그때그때 바뀌어서 확실한 인원수는 대표인 모리마쓰 씨도 모른다. 다양한 사람들이 활동에 관여하기 때문에 여기까지가 쌩스 앤 드림이라고 구태여 선을 긋지 않고 확장되는 네트워크 속에서 "저절로 배어 나오는 발신, 솟아나는 것"을 "자유롭게" 표현할 수 있는 장을 지향한다. "개인을 무척 중요히 여기며"(2022년 4월 14일 구술조사) 목소리에서 목소리로 연결하는 것이다. 이는 단지 교류 모임이 필요하다는 이야기가 아니라, 존재가 지워지지 않기 위해서 한 사람 한 사람의 존엄을 지키고 각자가 자신의 마음을 표현할 수 있게끔 시행착오를 하는 장을 만드는 일이기도 하다.

6. 자신들의 '지금'을 전하고 기록하다

(1) 피난의 '지금'을 전하는 이벤트

2014년 12월, 쌩스 앤 드림은 간사이 사람들에게 피난자의 '지금'을 전하기 위해 효고(兵庫)현의 이벤트에서 패널 전시를 열었다.[16] 카페 이모니카이 참가자뿐 아니라 블로그나 페이스북 등을 활용해 패널에 전시할

---

16 1995년 한신·아와지 대지진의 기억을 이어 나가기 위해 효고현에서 매해 개최되고 있는 고베 루미나리에에 고배대학 대학원생들이 피난자 지원 부스를 출점할 때 쌩스 앤 드림은 협력단체로 이름을 올렸다. 쌩스 앤 드림 블로그「고베 루미나리에 기획 원고 모집! 피난자의 '목소리'를 전해 보지 않겠습니까?」http://sandori2014.blog.fc2.com/blog-entry-8.html(2022.10.25.)

원고를 모집했다. 테마는 후쿠시마 원전 사고 발생으로부터 3년이 지난 "'지금'의 솔직한 마음'으로, 피난 전 거주지나 피난 형태를 불문하고 귀환한 사람이나 전 거주지에 남은 가족들의 '마음'도 환영하여 17명의 원고가 모였다(サンドリ2017:5-15).

같은 이벤트를 2015년과 2016년에 오사카 시내에서도 개최했다. 2015년에는 6명, 2016년에는 9명이 원고를 보냈고(サンドリ2017:15-29), 새로운 시도로 센류(川柳)를 모집하자 2015·2016년 합쳐서 300건이 넘는 압도적인 편수가 도착했다. 원래 센류란 사람이나 사회를 풍자하는 5·7·5의 정형시인데, 같은 사람이 몇 편을 내도 되고 필명을 바꾸어도 되는 방식으로 모집한 결과 글을 쓰는 것은 어렵지만 센류라면 쓸 수 있다는 사람도 보내 왔다(2022년 4월 14일 구술조사). 모인 센류 중 일부를 보자[사진 1].

모자가 피난 자기 아이의 성장 못 보는 아빠

        -오염된 흙을 되가져가 주세요

흔들릴 때마다 원전이 조마조마 무슨 나라가

        -이런 지진 대국에 54기

(サンドリ2017:32)

소변 검사한 아이 몸에서 세슘이……

        -아이는 오래 살 수 있겠습니까?

"방사뇌"라고 아무리 말해 봤자 방사능은 NO!

        -방사능 관리 구역민

(サンドリ2017:38)

피난을 계속할 수밖에 없는 상황이나 마음이 5·7·5라는 17글자로는 끝나지 않아서 필명에도 "오염된 흙을 되가져가 주세요"라는 호소나 "아이는 오래 살 수 있겠습니까?"라는 물음을 담는다. 몇 편이든 투고할 수 있기 때문에 사람에 따라서는 그때그때 필명을 바꾸어 자신의 존재와 함께 새로운 호소나 물음을 제기하고 기록에 남기고자 하는 것이다.

또 심한 비난이나 중상비방의 위험 속에서 익명성을 유지하면서 5·7·5의 짤막한 말에 자신의 마음을 담을 수 있다는 점도 300편이 넘는 시구가 모인 요인 중 하나일 것이다. 피폭을 피하기 위해 망설이고 흔들리면서도 그때의 최선을 선택하고자 행동하는 것이 '방사뇌'라고 비난받고 받고 피난으로 생기는 문제가 자기책임으로 간주되는 상황 속에서, 5·7·5의 리듬으로 "방사능NO!"(放射NO 방사능, 방사뇌, 방사[능]NO는 일본어로 발음이 같다: 옮긴이)라고 마음을 표출한다. 뿐만 아니라 "흔들릴 때마다 원전이 조마조마"라며 현실에서 일어나는 다양한 모순을 지적한다. 쌩스 앤 드림에 모인 센류는 그것을 읊는 한 사람 한 사람의 존재를 보여주는 동시에 센류를 읽는 사람들을 끌어들여 후쿠시마 원전 사고로 피난할 수밖에 없는 상황이 있다는 것이나 방사선 피폭이라는 문제를 없던 일로 만들지 않는 현실 비판의 말을 만들어내고 있다고 하겠다.

이렇게 쌩스 앤 드림은 2014년부터 2017년에 걸쳐 매해 피난자의 '지금'을 전하는 패널 전시를 기획하고 피난자의 '목소리'나 센류뿐 아니라 피난자 교류 모임이나 토크 라이브도 개최하여 텔레비전이나 신문에서도 다루어졌다.

(2) 『3.11 피난자의 목소리: 당사자 자신이 아카이브』

하지만 그런 한편으로 2015년에 사협은 참가자 감소 등을 이유로 카페 이모니카이를 계속할 필요가 있는지 물어왔다. 참가자들이 "필요하다"고 호소하자 앞으로는 장소 예약만이라면 지원할 수 있다는 결론이 나서, 2016년 4월부터 2017년 3월까지 다른 단체가 주최하고 쌩스 앤 드림이 협력하는 형태가 되었다가 2017년 4월부터 쌩스 앤 드림이 카페 이모니카이를 주최하게 됐다.

이 무렵 쌩스 앤 드림은 그때까지의 활동을 기록에 남기기 위해 어느 피난자 지원 프로그램의 조성을 받아 책을 만들기 시작했다. 한 사람 한 사람의 다른 목소리를 전하기 위해 제목을 『3.11 피난자의 목소리: 당사자 자신이 아카이브』로 정했다[사진 2]. 2014년~2016년의 이벤트에서 전시한 원고를 게재하고, 센류, 재판 원고가 된 사람들의 의견 진술서, 피난자 따돌림 문제 등에 대해 저마다가 글을 보냈다.

책의 구성에서 중요시한 것 중 하나는 후쿠시마뿐 아니라 간토에서도 피난을 한 사람이 있다는 것을 가시화하는 일이었다. 이를 위해 책에 등장하는 사람들의 피난 전 거주지를 일본 지도에 표시해서 한 눈에 알아볼 수 있게 했다[사진 3]. 그리고 또 하나 중요시한 것은 글을 보낸 사람들의 피난 형태를 쓰는 일이었다[사진 4]. 가령 이 글에서는 쓰지 못했지만, 단신 피난과 모자 피난은 정신적·경제적 부담 등 손해의 양상이 다르고 피난지에서 지원자의 대응 방식도 다르다. 또 모자 피난이라고 해도 가족 분산형 피난의 경우에 생기는 손해나 부담과, 사고 전부터 모자 가정이었던 사람들이 사고로 피난했을 때에 생기는 손해나 부담이 다르다. 그리고 가족 분산형 모자 피난에 아버지가 합류하여 가족 피난으로 바뀌는 사례도 있지만,

피난 과정에서 가족 간에 생긴 갈등이나 문제 때문에 반드시 가족이 다 모여서 다행이라는 이야기가 되지 않는 경우도 있다. 혹은 처음부터 가족이 함께 피난한 사람들도 있다. 이러한 다양한 피해의 모습을 알리기 위해서도 피난 형태를 기록했다(2022년 3월 30일 ②구술조사).

『3.11 피난자의 목소리』를 읽고 또 하나 놀라는 것은 신체의 이변을 말하는 사람이 많다는 점이다. 2014년에 원고를 낸 17명 중 5명, 2016년에는 6명 중 4명, 2016년에는 9명 중 4명이 신체의 이변을 호소하고 있다.

가나가와(神奈川)현 요코하마(横浜)시→나라(奈良)현 나라시(모자 피난)
스도 아이코(すどうあいこ)

저는 2012년 8월에 가나가와현 요코하마시에서 두 아이를 데리고 나라현 나라시로 모자 피난했습니다. 아들은 사고 후에 매일 코피를 흘리게 됐는데, 나라에 와서 괜찮아졌습니다. 제 몸 상태도 무척 좋아졌습니다. 피난을 온 직후에 아들이 "여기는 나라니까 심호흡해도 되지?"라고 물어서 둘이서 밖에 나가 맑은 공기를 가슴 가득 들이마셨던 날을 잊을 수 없습니다. 벼 이삭의 좋은 향기가 났습니다.(サンドリ 2017:5)

후쿠시마현→교토부(단신) 바미(バーミー)

저는 교토에 단신 피난해 있습니다. 사고 이후에 저는 온몸의 털이란 털이 다 빠졌습니다. 원래 있던 아토피도 악화돼서 매일 밤 긁어대느라고 잠을 이룰 수 없었습니다. 교토에 피난을 온 뒤로는 놀랄 만큼 개선됐습니다. 저는 그때까지 육십 몇 년 동안 한 번도 후쿠시마 밖으로 나간 적이 없었습니다.(サンドリ 2017:10)

이러한 목소리를 '불쌍'한 피난자의 목소리가 아니라 왜 자력으로 피난을 계속할 수밖에 없는가, 왜 몸에 이변이 생기기 전에 필요한 조치를 받을 수 없는가, 왜 이변이 생겨도 필요한 보상이나 제도를 확립하지 않는가 같은 물음으로서 들을 필요가 있을 것이다. 피난을 한다고 피폭 문제가 해결되는 것은 아니다. 또 피폭이나 그 영향에서 벗어나기 위해 각자가 바라는 것은 공통된 부분도 있지만 다른 부분도 있다. 그 다양함은 지리적 넓이나 세대 간 차이로 더 복잡해진다. 그렇기 때문에 그때그때 자신의 마음을 표현할 수 있는 장이 필요하고, 침묵 당하는 것이 아니라 침묵하고 싶은 때에는 침묵하면서 몸을 지킬 수 있는 장, 필요한 제도나 지원을 요구하고 실현하기 위해 목소리를 낼 수 있는 장이 필요하다. 그러한 장은 언론 탄압으로부터 자신을 지키는 방패도 되고, 목소리에서 목소리로 연결해서 조금씩 장을 넓혀 가는 힘도 된다. 목소리를 내는 것은 중상비방이나 차별 당할 위험에 노출될 위험이 있는 한편, "그 이상으로 (중략) 응원해주는 사람이 늘어날"(2022년 4월 14일 구술조사) 가능성을 연다는 측면이 있다.

"피난자의 '지금'을 진지하게 전하는 것"을 목적으로 하는 쌩스 앤 드림은 그러한 '플랫폼'(2022년 4월 14일 구술조사)으로 기능하며, 쌩스 앤 드림이나 카페 이모니카이에서 벼린 목소리를 패널 전시나 센류 등을 통해 발신하고 목소리가 지워지지 않는 기록의 장을 만들어낸다. 목소리가 지워지지 않는 장은 목소리를 내는·듣는 상호 관계 속에서 만들어지고, 이 관계를 통해 나오는 목소리는 '지금'을 전할 뿐 아니라 한 사람 한 사람의 경험이나 마음을 "미래에 전달"하는 목소리이기도 하다.

7. '피난의 권리'를 요구한다

마지막으로 '피난의 권리'에 대해 생각해보려 한다.

2013년, 모리마쓰 씨 등 간사이로 피난한 88세대 243명은 국가와 도쿄전력에 손해배상청구소송을 제기했다. 원고로는 후쿠시마현 피난 지시 구역 안팎에서 피난한 사람이나 간토에서 피난한 사람이 있다. 재판의 목적은 "국가 및 도쿄전력의 '책임'을 밝히는" 것, 그리고 "재판을 통해 방사능 피폭에서 '피난할 권리'를 확립하며 피난한 사람도, 남은 사람도 또 귀환한 사람도 모두 똑같이 본 건 사고 전의 '평범한 생활'을 되찾고 '개인의 존엄'을 회복할 필요 및 충분한 지원책이 실시되는 것"이다.[17]

여기서 알 수 있듯, 원전 배상 간사이 소송에서는 후쿠시마와 간토에서 피난한 사람들이 원고가 되어 국가와 도쿄전력의 책임을 추궁하고 '피난할 권리' 혹은 '피난의 권리'를 요구하고 있다. 모든 선 긋기나 경계를 넘어 영향을 미치는 방사능 오염에 입각해 "방사능 피폭에서 '피난할 권리'"를 지역이나 세대와 관계없이 '피난한 사람', '남은 사람', '귀환한 사람' 등 모든 사람이 피폭을 피해 건강을 향유할 수 있는 기본적 인권으로서 확립하는 것을 목표로 한다.

앞에서 썼듯 일본 정부나 각 기관은 저선량 피폭이 건강에 미치는 영향의 불확실성이나 알 수 없음을 배제하듯 '올바른' 지식을 설정하고 "바르게 두려워하자"는 등 사람의 감정조차 '옳음'으로 통제해 왔다. 귀환 의사가

17　原発賠償関西原告代表森松明希子、原発賠償関西弁護団代表金子武嗣,「原発賠償関西原告団・弁護団声明~『ふつうの暮らし、避難の権利、つかもう安心の未来』~2013年9月17日」http://hinansha-shien.sakura.ne.jp/kansai_bengodan/seimeibun.pdf(2022.10.26.)

없다고 간주하면 피난자로 셈하지 않고, 방사선으로 인한 건강의 불안·두려움을 이야기하는 것은 '편견·차별'이라고 부정하며, '풍평 피해'라는 말을 만들어냄으로써 피난이나 피폭에 대한 불안을 입에 담는 것을 가해 행위로 보는 언설을 구축해 왔다. 하지만 아무리 '옳음'을 전제로 한 지식을 강화하더라도, 방사선에 안전량이 없다는 것을 근거로 하면 신체에 영향이 생기기 전에 혹은 생명을 지키기 위해 피난하는 것은 당연한 권리라 할 수 있다. 피난은 "국토에 대한 부당한 평가"도 아니거니와 "풍평 가해 행위"도 아니며 살아가는 것과 관련한 권리다. 피폭을 피해 건강을 향유하기 위한 '피난의 권리'는 '개인의 존엄'과 관련한 기본적 인권이며, 기본적 인권은 "생명을 지"키는 "방패"가 된다. 모리마쓰 씨는 기본적 인권을 이렇게 표현한다.

　　매일 '기본적 인권'을 방패 삼아 살고 있어요. 그러지 않으면 아이들을
　지켜내지 못한다고 생각하기 때문이에요.
　　'인권'은 생명을 지키기 위한 최대의 '제방'이자 '방패'가 됩니다.
　　모든 비난, 몰이해, 부조리에서도 지켜줍니다.(森松2021:337)

　기본적 인권을 실천함으로써 피폭에 대한 불안이나 공포를 표현할 수 있고, 피난하고 싶다고 생각하면 피난하고 싶다고 입으로 말하며 행동으로 옮길 수 있다. 표현하고 발언하고 전함으로써 필요한 제도나 시스템을 호소하고 '피난의 권리'를 만들어가는 것이다. '피난의 권리'를 확립하는 것은 자신이나 자신의 가족뿐 아니라 많은 사람들이 "생명을 지"키고 "모든 비난, 몰이해, 부조리에서도 지켜"주는 "방패"를 만드는 것으로 이어지리라. 뿐만 아니라 '피난의 권리'는 어떠한 이유로 원래 살던 지역에 남는 사람

이나 피난한 곳에서 귀환한 사람에게도 필요한 방패가 된다. 피폭을 피하고 싶다고 생각하면 언제든지 피폭을 회피할 수 있고, 그 기간에 대해서도 스스로 결정할 수 있으며, 원래 살던 곳에 있으면서도 피폭 방호를 실천하고 필요한 제도나 조치를 요구할 수 있는 것이기도 하다(森松2021:268-271).

원전 배상 간사이 소송에서는 '피난의 권리' 등을 요구하는 근거 중 하나로 기본적 인권을 보장하는 일본국 헌법을 든다.[18] 일본국 헌법 전문에는 "전 세계의 국민이 동등하게 공포와 결핍에서 벗어나 평화 속에서 생존할 권리를 가진다"라고 되어 있고, 원고가 제출한 소장에서는 피해의 실태로서 "방사선 피폭으로 인한 건강 피해에 대한 불안·공포는 생애에 걸친 영속적인 것이 되지 않을 수 없다. 생활 면에서나 건강 면에서나 장래 예측을 세울 수 없는 대단히 긴 기간 동안의 계속적인 불안에 노출돼 있다"(原発事故被災者支援関西弁護団2013:103-104)는 것을 거듭 이야기하고 있다.

이제까지 살펴봤듯 동일본대지진과 후쿠시마 원전 사고로 식량이 부족한 가운데 모리마쓰 씨 가족에게 '생명수'는 자신이나 가족의 체내에 방사성 물질을 섭취한다는 결단을 강요하는 물로 바뀌었으며, "그날 후쿠시마의 공기를 마시고 후쿠시마의 물을 마신 우리에게 '피폭'은 현실의 '공포' 이외에 아무 것도 아니고", 후쿠시마 원전 사고는 "건강 피해가 생기지 않기를 기도할 수밖에 없는"(森松2021:314-315) 시간을 만들고 있다. "기도할 수밖에 없는" 시간은 모리마쓰 씨뿐 아니라 후쿠시마현이나 간토에서 간사이로

---

18 이 재판에서 원고가 '피난의 권리'를 제기하는 근거로는 이 외에도 어린이 권리 조약("어린이의 생존 및 발달을 가능한 최대한의 범위에서 확보할 책무" 등을 국가에 부과하고 있다)이나 「국내 강제 이동에 관한 지도 원칙」("국내 피난민에 대해 모든 단계에서의 항구적 해결을 촉진할 책무" 등을 국가에 정하고 있다) 등이 있다.

피난한 사람들, 그리고 이 글에는 쓰지 못했지만 일시 피난했던 것을 숨김으로써 자신을 지키는 후쿠시마의 친구나 후쿠시마에 머물 수밖에 없는 친구, 그리고 아이들 자신이 느끼고 있을지도 모르는 것이기도 하다.

그렇기 때문에 "동등하게 공포와 결핍에서 벗어나 평화 속에서 생존할 권리"를 실천하고 존엄을 지키며 행복을 추구하고 "어린이의 생존 및 발달을 가능한 최대한의 범위에서 확보"(어린이 권리 조약)하며 "피폭당하고 싶지 않다", "건강을 향유하고 싶다"는 바람을 실현하기 위해 '피난의 권리'를 수립할 필요가 있다.

광범위하게 퍼진 방사성 물질이 자연히 줄어들기까지 세대를 넘어 기다릴 수밖에 없는 시간은 건강 피해가 생길지도 모른다, 이미 생겼을지도 모른다는 불안과 공포를 다음 세대, 그 다음 세대 그리고 몇 세대 뒤의 미래 사람들에게도 안겨준다는 두려움을 내포하고 있다. 하지만 각자의 땅에서 각 시대의 사람들이 '피난의 권리'라는 방패를 사용할 수 있다면, 후쿠시마 원전 사고를 일으킨 세대가 전부 세상을 떠난 뒤에도 아이들의 생명을 지킬 수가 있고 미래 사람들이 어떠한 상황에 빠지더라도 피폭을 피하기 위해 필요한 조치를 요구하고 실행할 장을 만들 수가 있다. '피난의 권리'는 국가가 일방적으로 정한 피난 지시 구역 내/외, 후쿠시마현 내/외라는 선 긋기를 넘어, 나아가서는 지금이라는 시대를 넘어 몇 세대 뒤에 올 미래의 아이들도 지키는 방패가 된다. '피난의 권리'에는 "피폭을 거부하는 것도, 그것을 거부하고 자신의 피폭량을 컨트롤할 권리도 우리 쪽에 있으며, 국가가 그 압도적인 권력으로 기본적 인권을 계속 유린하는 현 상황을 한시라도 빨리 고치기를 바란다"(原発賠償関西訴訟2022)는 바람이 담겨 있다.

이러한 권리 확립 과정에서 떠오르는 것은 피해 정도, 기간, 신체에 대한 영향, 피폭되는가 아닌가, 피난자인가 아닌가가 자의적으로 결정되는 현상황을 비판하고, 다양한 상황에 처한 한 사람 한 사람의 피해를 없었던 것으로 하지 않으면서 존엄을 지키고자 움직이며 기본적 인권을 실천하는 사람들의 모습이다. 피해자/가해자, 증언하는 쪽/듣는 쪽 같은 경계를 넘어 모든 사람들이 핵, 원전 사고, 피폭 영향과 무관할 수 없는 현실이 있기 때문에 모든 사람들과 관련한 '피난의 권리'가 필요한 것이다.

자료

[그림 1] 후쿠시마·간토에서 간사이로 피난
(출처: google map을 바탕으로 필자 작성)

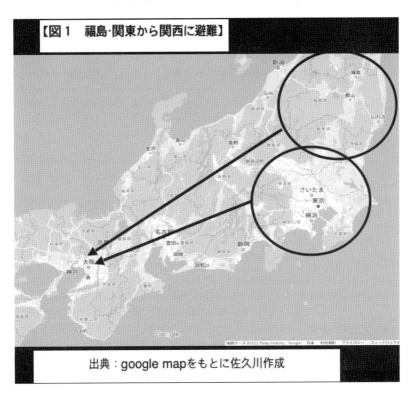

【図1 福島·関東から関西に避難】

出典 : google mapをもとに佐久川作成

[표 1] Cafe IMONIKAI를 둘러싼 변천

년	월	내용
2011	6	사회복지협의회가 정보지 IMONIKAI를 발행
2011	9	던 센터에서 피난자 교류회 시작
2012	5	'오사카부 피난자 지원 단체 등 연락 협의회(안심넷 오사카)' 발족
2012	8	·사회복지협의회 주최로 백중맞이 3일 동안 미니 교류회 개최 **·8월 말부터 사회복지협의회 주최로 Cafe IMONIKAI를 정기 개최**
2013	9	모리마쓰 씨 등이 원고가 되어 원전 배상 간사이 소송을 오사카 지법에 일제 제소
2014	2	던 센터 피난자 교류회 종료
2014	9	**동일본대지진 피난자 모임 Thanks & Dream(쌩스 앤 드림) 결성**
2014	12	쌩스 앤 드림 효고현에서 "피난자의 '목소리'를 전한다" 전시 이벤트
2015	3	쌩스 앤 드림 오사카 시내에서 동일본대지진 4주년 기획 전시
2016	3	쌩스 앤 드림 오사카 시내에서 동일본대지진 5주년 기획 전시
2016	4	Cafe IMONIKAI의 주최가 '던 피난자 피어포트 회'로
2017	3	**·쌩스 앤 드림이 『3.11 피난자의 목소리: 당사자 자신이 아카이브』를 발행** ·쌩스 앤 드림 오사카 시내에서 동일본대지진 6주년 기획 전시
2017	4	**Cafe IMONIKAI의 주최가 쌩스 앤 드림으로**

[사진 1] 피난자 알지, 알지 센류

(출처: 쌩스 앤 드림(2017), 『3.11避難者の声~当事者自身がアーカイブ~』, 32쪽)

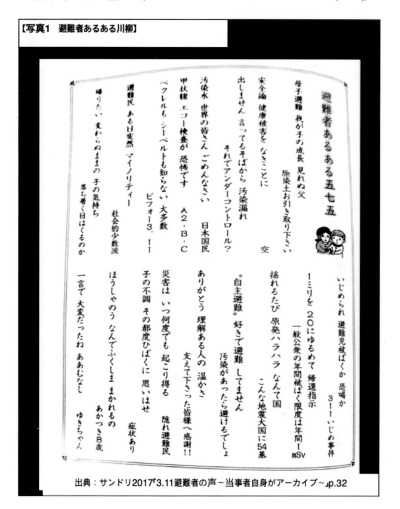

[사진 2] 『3.11 피난자의 목소리』

(출처: 쌩스 앤 드림(2017), 『3.11避難者の声~当事者自身がアーカイブ~』 표지)

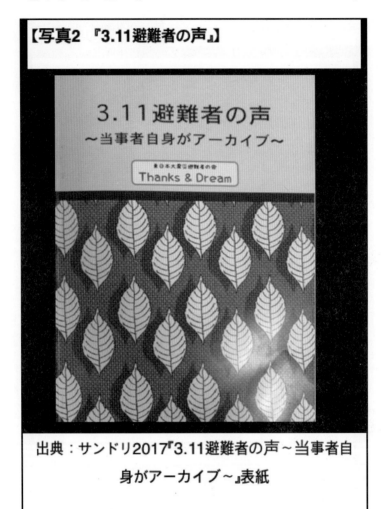

[사진 3] 피난 전 거주지를 표시한 일본 지도

(출처: 쌩스 앤 드림(2017), 『3.11避難者の声~当事者自身がアーカイブ~』, 2쪽)

[사진 4] 피난 형태를 쓴 목차 일부

(출처: 쌩스 앤 드림(2017), 『3.11避難者の声~当事者自身がアーカイブ~』, 3쪽)

【写真4　避難形態を書いたもくじの一部】

もくじ

はじめに 2
避難者の「声」を届けませんか 5
■3.11避難者の声＠神戸ルミナリエ展示(2014年12月4日～8日) 5
①東京都→京都府(母子避難)　M 5
②神奈川県横浜市→奈良県奈良市(母子避難)　すどうあいこ 5
③福島県郡山市→大阪府八尾市(母子避難→家族避難)　R.H 6
④東京都→奈良県(母子避難→家族移住)　あるひとりの移住ママ 6
⑤福島県相馬市→大阪府守口市(母子避難)　O.N 6
⑥茨城県→京都府(母子避難)　A.K 7
⑦福島県郡山市→大阪府高槻市(家族避難)　S 7
⑧福島県→大阪府(母子避難)　ひがしだあさみ 8
⑨東京都葛飾区→大阪府茨木市(家族避難)　T.M 8
⑩福島県須賀川市→大阪府(母子避難)　匿名 8
⑪福島県南相馬市→京都府　福島敦子 9

出典：サンドリ2017
『3.11避難者の声～当事者自身がアーカイブ~』p.3

참조문헌

青木美希(2021), 『いないことにされる私たち　福島第一原発事故10年目の「言ってはいけない真実」』, 朝日新聞出版.

井上博夫(2021), 「東日本大震災復興財政10年の検証」, 『RESEARCH BUREAU 論究』(18), 1-24쪽.

今中哲二(2011), 「"100ミリシーベルト以下は影響ない"は原子力村の新たな神話か?」, 『科学81』(11), 1150-1155쪽.

原発賠償関西訴訟(2022), 「第33回期日　意見陳述書　森松明希子」.

大阪府(2013), 『被災地の復興を願って~東日本大震災における大阪府の支援状況(平成25年3月)』.

社会福祉法人大阪市社会福祉協議会大阪市ボランティア情報センター(OCVAC)(2011), 「東北と大阪を繋ぐ情報誌　IMONIKAIいもにかい」(1).

清水奈名子(2022), 「避難生活の苦渋と自己責任化をめぐる問題」, 髙橋若菜編, 『奪われたくらし－原発被害の検証と共感共苦』, 日本経済評論社, 113-135쪽.

竹沢尚一郎(2022), 『原発事故避難者はどう生きてきたか－被傷性の人類学』, 東信堂.

東日本大震災避難者の会Thanks & Dream2017編, 『3.11避難者の声~当事者自身がアーカイブ~』, 東日本大震災避難者の会Thanks & Dream.

廣本由香(2016), 「福島原発事故をめぐる自主避難緒〈ゆらぎ〉」, 『社会学概論』67(3), 267-284쪽.

復興庁(2018), 『放射線のホント』.

森松明希子(2013), 『母子避難、心の軌跡－家族で訴訟を決意するまで』, かもがわ出版.

_____(2021), 『災害からの命の守り方－わたしが避難できたわけ－』, 文芸社.

文部科学省(2011), 「放射能を正しく理解するために　平成23年4月20日」.

吉田千亜(2018), 『その後の福島－原発事故後を生きる人々』, 人文書院.

Study2007(2015), 『岩波科学ライブラリー239　見捨てられた初期被曝』, 岩波書店.

제2장

재난이 제기하는 질문들

오늘날 재난을 경험한다는 것

재난은 어떻게 정치적 경험과 결부되는가?

남상욱

1. 재난과 상실감

　　재난이 인간의 경험으로서 특별한 의미를 갖는 이유는 무엇일까요? 아마도 그것은 상실감과 관련되기 때문은 아닐까 합니다. 바꿔 말하자면 재난은 갑작스럽게 일어난 그 어떤 사태로 인해 누군가가 무엇인가를 상실하는 경험이라고 할 수 있겠습니다. 비단 자연 재난 때문이 아니더라도, 우리가 갑작스럽게 무엇인가 많은 것을 상실하게 될 때 '마치 재난과 같았다'고 하는 비유가 통용되는 것도 바로 그 때문이겠지요.

　　물론 인간은 늘 무엇인가를 상실해갈 수밖에 없는 존재입니다. 굳이 재난이 아니더라도, 사고에 의해서, 혹은 자연스러운 시간의 흐름 속에서 인간은 무엇인가를 상실합니다. 그러나 모든 인간이 무엇인가 소중한 것을 잃어버렸다는 느낌을 자각거나, 이로 인한 상실감의 늪에 빠지지는 않는 모양입니다. 어떤 사람에게는 실제로 그 상실이 매우 천천히 오고 있는지도 모릅니다.

　　그래도 한 25년 정도 이상 산다면 한 번쯤 큰 상실을 경험하지 않을까 싶습니다. 예를 들면 할아버지 할머니 같은 가족일 수도 있고, 같이 지냈던 반려동물이나 식물일 수도 있을 것입니다. 혹은 늘 그 자리에 있을 것으로 믿어 의심치 않았던 카페일 수도 있습니다. 살아가는 동안 자신의 삶에 중요한 존재가 되어 애착을 느끼게 된 존재가 어느 날 갑자기 같은 공간에 없음을 알았을 때, 그 텅 빈 느낌을 언어화하기는 그리 쉽지 않습니다. 아무리 찾아도 대체할 수 없다는 것을 알았을 때 느끼게 되는 깊은 상실감은 언어화 그 자체를 거부하기도 합니다.

하지만 그러한 깊은 상실감을 우리는 인간인 이상 누구나 겪게 될 보편적인 감정이자, 자연스러운 삶의 한 부분으로서 끝내 받아들이게 됩니다. 그렇지 않고서는 앞으로 나아갈 수 없기 때문이기도 합니다.

그런데 재난과 관련된 상실은 그게 그렇게 쉽지 않습니다. 재난은 인간으로서 겪게 되는 상실의 자연스러운 과정을 뒤틀어 버립니다. 너무나 갑작스럽게 출현하는 재난은, 우리가 깨닫지도 못하는 사이에 그것을 지키려는 시도조차 허용하지 못하고 우리의 소중한 것들을 가지고 갑니다. 그것이 우리를 보편적인 인간이면 누구나 겪게 될 상실감의 치유 쪽으로 다가가지 못하게 만드는 이유이기도 합니다.

상실한 후에 우리는 그것이 결코 '자연적'이지 않는 방식의 상실임을 깨닫고 망연자실합니다. 실제로 현대 우리가 경험하는 재난의 상당수가 따지고 보면 '인재'였음을 알게 됩니다. 하지만 재난이 우리 인간에게 자연적인 것으로 경험되기 힘든 것은, 그것이 우리가 흔히 상실을 겪는 과정과 너무나 다르기 때문은 아닐까요?

재난은 우리가 '자연스러움'이라고 믿고 있는 세계라는 것이 얼마나 허약한 기반 위에 있었는지를 전경화시킵니다. 상실을 통해서 처음으로 우리는 스스로가 당연하다고 믿어왔던 세계가 여러 가지 우연에 의해서 가까스로 지탱되어 있었음을 깨닫게 되기도 합니다. '평균연령'이라는 통상적인 데이터 이면에서 평균연령에 달하지 못하고 죽어간 수많은 사람들의 존재가 있음을 처음으로 알게 되는 경우도 있습니다. 그렇게 재난은 자신이 언제

죽어도 이상하지 않은 세계에 있었다는 사실을 깨닫게 만들고, 삶의 지속의 당연함을 본질적으로 흔들어버립니다.

재난에 의한 상실은 한 존재에 대해서만이 아니라, 세계에 대한 믿음에 대한, 동시에 세계 그 자체에 대한 상실이기도 합니다. 예를 들면 1999년 6월 30일 경기도 화성 씨랜드 청소년 수련원 화재 참사 때 자녀를 떠나보낸 전 여자 하키 국가대표 선수였던 김순덕 씨는, 한국이 언제 사고로 사람이 죽어도 이상하지 않은 나라였음을 깨닫고 뉴질랜드로 이민을 갑니다.[1] 부실한 안전 관리 사고로 인한 자녀의 상실이 자신이 살고 있었던 세계에 대한 믿음의 상실로 이어지게 되는 것을 이해하기는 어렵지 않습니다.

사실 20세기 후반 고도성장을 거듭하던 한국에서는 유달리 사고에 의한 재난이 많았습니다. 1994년에는 한강의 성수대교가, 1995년 삼풍백화점 붕괴하였습니다. 저는 사병으로 군 복무 시절에 뉴스를 통해서 이 사건들을 보았고, 이 사건에 제 가족을 포함한 지인들이 연루되어 있는 것은 아닌지 걱정했지만, 그렇지는 않았습니다. 그 당시 1994년도 여름 김일성의 죽음으로 인해 긴장감이 가득했던 군대보다도, 민간이 더 위험할지도 모른다고 생각했었던 기억이 스치고 지나갑니다.

분단 상태의 지속으로 언제 전쟁이 일어나도 이상하지 않은 나라에, 이런 사고로 인한 재난이 빈번해지자, 가뜩이나 엷었던 국가에 대한 믿음은 더욱 엷어질 수밖에 없었습니다. 특히 냉전이 붕괴하며 사회주의 혁명에 대한 열기가 식고, 세계화가 본격적으로 진행됨에 따라 다른 나라에 대한 정보의 양이 늘어나게 되면서, 재난 대응에 있어 '후진국'인 한국을 떠나는 것은

---

1   「도현이 앗아간 씨랜드 악몽: 이젠 '보고 싶다'고 말할 수 있어요」, 『서울신문』 2019.6.27.
     https://www.seoul.co.kr/news/newsView.php?id=20190628002001

한국 젊은이들에게 자신이 행사할 수 있는 하나의 옵션으로 진지하게 고려되기 시작합니다. 한국에 사는 이상 누구라도 그런 재난에 직면할 가능성 있다는 생각은, 고국에 대한 상실보다, 고국에서의 재난과 그로 인한 상실을 더욱 견딜 수 없는 것으로 만들게 된 것이죠.

2. 분단되는 재난, 확대되는 재난

그런데 그런 재난을 겪으면서도 모두가 그런 생각을 한 것은 아닙니다. 재난이 일어난다면 내가 가장 먼저 그런 일을 당할 것 같다고 생각하는 사람이 있는 반면, 모두가 재난에 직면하더라도 내 자신은 피할 수 있다고 생각하는 사람이 있는 모양입니다.

실제로 재난은 누구에게나 같은 상실을 안겨주지는 않습니다. 같은 시각, 같은 장소에 있어도 무엇인가를 상실한 사람과 그렇지 않은 사람이 있습니다. 홍수나 쓰나미, 기타 자연 재난에 휘말려 죽거나 보금자리를 잃은 사람이 있는 한편에, 가까스로 목숨을 건지거나 큰 피해를 보지 않는 사람도 있습니다. 그리고 재난의 바깥에서, 그들의 갈림길을 다른 지점에서 지켜보는 사람도 있습니다. 재난의 잔혹한 지점은 바로 그곳에 있습니다. 재난이 벌어졌지만 무엇인가를 잃어버리지 않은 사람도 있다는 사실은, 재난에 대한 태도의 차이가 만들어지는 중요한 요소입니다.

물론 재난은 재난 지역 거주자에 국한되지 않고 거시적으로 모두에게 영향을 미친다고 말할 수도 있습니다. 즉 어떤 재난도 그 바깥은 존재하지 않으며, 그들은 제대로 인지하지 못하지만 실은 모두가 재난으로 인해 무엇인가를 이미 상실했다고 말입니다. 예를 들면 2020년 전 세계를 휩쓴 코로나19 팬데믹으로 인해 설사 자신이나 지인이 죽지 않았다 하더라도, 자신이 잃어버린 것이 아무 것도 없다고 말할 수 있는 사람이 있을까요? 혹은 재난으로 인해 소중한 무엇인가를 상실한 사람의 슬픔을 공감하며 같이 애도하지 못하는 경우에도, 그들의 공감 능력의 상실을 지적할 수 있을 것입니다.

그런데 저는 이를 문제시하기보다는 이 지점에서 조금 더 멈춰 서고 싶습니다. 그러니까 이런 겁니다. 재난 속에서 무엇인가를 잃어버린 사람에게는 재난의 상실의 경험이며, 따라서 긴 애도의 시간이 당연한 것으로 여겨질 수밖에 없습니다. 하지만 실제로는 아무것도 상실하지 않은 사람－혹은 그렇다고 믿고 있는 사람－은 과연 무엇을 향해서 애도를 하게 되는 것일까요? 특히 상실한 대상을 구체적으로 알지 못하는 데도 애도하는 행위 그 자체가 성립 가능한 것일까요? 그렇다면 재난으로 인해 실제로는 아무것도 잃어버리지 않은 사람에게 '재난'은 과연 무엇일까요?

재난이 우리에게 이상하게 경험되는 것은 바로 이런 질문이 성립되는 자리를 허용하는 것처럼 보이기 때문입니다. 실제로 어떤 종류의 재난 발생하면 재난 복구와 관련된 회사의 주식 가격이 급등하게 됩니다. 지진의 경우 건설회사가, 코로나19와 같은 전염병 같은 경우에는 백신을 만들고 배급하는 제약회사의 주식이 올라갑니다. 누군가가 큰 상실감에 빠져 있는데, 누구에게는 재난이 돈벌이의 기회가 됩니다.

재난을 직접 경험한 사람의 심정을 조금이라도 고려한다면, 이러한 상황 자체가 그야말로 터무니없는 것으로 보일 수 있겠습니다. 하지만 한편으로 이러한 상황이야말로 오늘날 재난의 성격을 아주 잘 드러내는 것은 아닐까 합니다. 즉, 상실의 측면만을 고려한다면 재난은 재난 당사자에게만 해당하는 일부의 사건에 지나지 않는 것처럼 보일 수도 있겠지만, 재난과 관련한 주식의 변동은 재난이 당사자에게만 해당하지 않는다는 사실을 보여주는 또 다른 증표입니다. 도저히 교환가치로 환산할 수 없는 상실감은 그대로 있는데, 재난 이후의 부흥 기대 심리가 주가에 반영되면서 모두에게 영향을 미치게 되는 것입니다.

저는 누군가에게 돈벌이가 될 수 있으므로 재난이 좋은 것이라고 말하려는 것이 아닙니다. 제가 말하고 싶은 것은, 누군가에게 극도의 상실을 가져오지만 쉽게 보편화되기 힘든 재난이, 오늘날 그러한 방식으로 보편화되고 있다는 사실입니다. 다시 말해, 대체 불가한 상실을 안겨다 준 재난이, 한편으로는 화폐라는 교환가치에 영향을 미치게 된다는 사실입니다. 이 역시 우리가 재난을 경험하는 방식이며, 재난을 통해 우리가 경험하는 또 다른 감정임을 부정하기는 쉽지 않습니다.

재난은 영상기술 발달에 의해 영화의 소재로 자주 등장하고 있습니다. 지진, 쓰나미, 행성 충돌, 기후변화에 의한 빙하기의 도래까지, 영화는 인간이 상상할 수 있는 재난을 스펙터클하게 가시화하고, 관객들은 이러한 재난의 가상 체험을 즐기는 데 돈을 아끼지 않습니다. 재난 그 자체가 볼거리로서 소비되기에 이르는 것입니다.

특히 주목할 만한 점은, 영화사나 방송국을 거치지 않고 개인이 직접 경험한 재난이 뉴미디어를 통해서 재난이 실시간으로 전달되고, 저장되어 영상 소비재로서 무한히 반복된다는 사실입니다. youtube에는 동일본대지진 당시 지역을 덮치는 쓰나미 영상부터 최근 한국에서 일어난 이태원 참사 사건 관련 영상까지 스톡되어 있습니다.

재난이 영상 소비재로서 스톡되고 진열됨으로써 더욱 '보편'적으로 접근

가능하게 되지만, 그 과정에서 일부 지역의 사람에게, 단 한번, 급작스럽게 경험되기에 언어화하기 힘들다고 하는 재난의 고유한 성격이 마치 그렇지 않은 것처럼 느껴지게 됩니다.

그리고 이는 재난 희생자들에 대한 애도 감정에도 영향을 미치게 됩니다. 시간이 지나면서 실제 일어난 재난보다 재난의 재현(re-present: 반복되는 현전)이 압도적으로 많아지고, 후자가 전자를 대체하게 되면서, 마치 애도가 무한히 행해져야 하는 것과 같은 피로감에 빠지게 됩니다. 그 결과 단 한번 일어난 사건에 대한 긴 애도와 기억하려는 행위를 '지겹다'고 말하기까지 합니다. 그럴 때 사람들은 자신이 무엇에 대해서 지겹다고 말하는 걸까요? 적어도 그 '지겹다'는 말은, 우선은 재난이 이미 우리에게 보편화되었다는 점을, 나아가 그 보편화되는 방식에 대한 감정을 전경화하는 단어로서 주목할 필요가 있겠습니다.

3. 수치로 경험되는 재난, 말로 경험되는 재난

재난 영상이 미디어를 통해서 확산되는 가운데, 우리는 여러 숫자들에 조우하게 됩니다. 사망자 및 실종자, 그리고 피난자, 가축, 가옥, 농경지, 배, 건물, 오염 면적…등, 그 피해 규모가 수로 환원되어 '경험'됩니다. 오랫동안 인문학자들은 어떤 사건을 이렇게 수치로 셈하는 것을 직접적인 경험을 가로막는 것으로 비판해왔습니다. 예를 들면 홀로코스트로 인해 죽은 유대인의 수를 밝히는 것으로 홀로코스트의 진정한 의미를 알 수 없다고 말입니다. 한번 유대인 사상자가 수치화되면, 또 다른 전쟁 사상자의 수치와 비교되면서 그 희생의 의미가 축소되기도 하니까요. 이러한 수치화의 위험성에도 불구하고, 때로는 직접적인 관찰을 통한 경험으로 이해할 수 없는 것들이 수를 통해 비로소 이해되기도 합니다.

예를 들면 이소마에 준이치는 『죽은 자들의 웅성거림』의 서문에서, 쓰나미 피해로 인해 폐교한 오카와 소학교를 소개하며, "당시 학교에 남아 있던 아이 78명 중 4명 빼고 모두 사망했다"고 쓰고, "그날 사망한 주민의 40퍼센트에 해당"하는 "190여 명의 이름이 새겨진 비석"을 언급합니다. 비석에 새겨졌을 주민들의 고유명을 하나하나 언급하는 것보다는, 비율을 언급하는 것이 이 재난이 마을에 가져다준 상실감이 얼마나 큰 것인지를 가늠하게 만들어 줍니다.

나아가 후쿠시마 원전 사고로 인한 방사능 오염은 가시적으로 경험되는 것이 아니므로, 오직 방사능 측정기에 의해 숫자로 체감될 수밖에 없습니다. 우리는 그 측정기의 측정 값을 통해 가까스로 후쿠시마 지역의 재난의 심각성을 이해할 수밖에 없습니다. 이는 코로나19의 경우에도 마찬가지였습니다. 감염 증상과 중증도에 대해 이해하기도 전에, 감염자 수와 사상자 수를 통해 사태의 심각성을 깨닫게 되는 것이죠. 재난은 아직 구체적으로 경험되지 않고 저기 멀리 있는데, 카운팅이 재난의 직접성을 전달하게 됩니다.

수보다는 언어를 사유의 기반으로 삼는 인문학 연구자로서 오늘날 재난의 이러한 성격은 매우 당혹스러울 수밖에 없고, 동시에 언어를 잃어버린 듯한 큰 상실감을 느끼지 않을 수 없었습니다. 오늘날 재난은 우리에게 언어의 무기력함을 적나라하게 보여주면서 묵묵히 늘어나는 숫자를 목도하는 시간을 견딜 것을 요구하는 것인지도 몰랐습니다. 그 숫자 안에 자신이 포함될지도 모른다는 공포에 휩싸이면서, 말입니다.

하지만 그 침묵의 시간은 그리 길지 않았습니다. 하나의 쓰나미가 몰려왔다가 간 이후에, 이른바 '정보의 쓰나미'가 SNS를 타고 몰려옵니다. 잠깐 수에 가려져 있었던, 미디어에는 드러나지 않는 상실의 경험부터, 그들을 향한 애도의 말들, 수를 둘러싼 해석, 정부에 의한 고의적인 은폐를 질타하며 진실을 알리는 말들, 이로 인해 공포에 휩싸인 말들, 재난 희생자를 조롱하는 말들까지 다양한 말들이 끝도 없이 밀려듭니다. 이는 코로나 팬데믹에서도 마찬가지였습니다.

과승한 말들은 시간이 지나면서 '공해' 혹은 '쓰레기'로도 표현되면서 상대화되기 시작했지만, 이는 우리가 여전히 재난에 대해 취약하다는 것을 보여주는 증표이자, 우리가 재난을 경험하는 방식이기도 합니다. 재난 희생자들의 언어를 직접적으로 접하기 전 — 어쩌면 영원히 불가능할 수도 있습니다만 — 에 이미 우리는 재난에 관한 다양한 이야기를 접하게 되고, 재난과 관련된 사실과 거짓을 구별해나가야 되는데, 이 역시 역사적으로 반복되는 재난 경험의 일부이기도 합니다.

주지하다시피 관동대지진 때 많은 재일조선인이 소문에 의해 죽었습니다. 재난 앞에서 언어가 무력한 것 같지만 실은 재난 상황에서 어떤 언어는 매우 강력한 힘을 가지고 또 다른 재난을 불러일으키기도 하는 것입니다. 재난 이후의 깊은 상실감에 빠져 있는 사람들에게는 언어가 필요한데, 때로는 그 공백을 혐오의 언어가 비집고 들어와 큰 힘을 발휘하기도 합니다. 재난을 빌미로 타자를 향한 혐오 감정과 차별을 노골적으로 드러내는 언어 활동 역시 재난 그 자체라고 할 수 있지요.

바로 그 때문에 재난은 우리 언어활동의 정점인 정치의 장을 호출하게 됩니다.

4. '재난의 정치화'라니?

다들 알다시피 재난이 일어나면 정부의 관련 부처에서 이에 대한 대응을 합니다. 한국의 경우, 행정안전부가 사전에 준비한 매뉴얼에 따라 재난이 규정되고, 그 범위가 더 커지지 않도록 대응하고, 보상까지를 담당합니다. 국민재난안전포털에 따르면, 재난은 자연재난과 사회재난으로 분류되는데, 홍수나 태풍 등 자연현상에 의한 재난 등이 전자에 속하고, 화재나 각종 사고 등이 후자에 속합니다. 정부는 여러 통계 자료에 근거해 재난 대책을 세우고, 신속한 대응을 위한 예산을 확보해둡니다.

그런데 때로는 정부의 사전 규정에 속하지 않는 재난이 찾아옵니다. 후쿠시마 원자력 발전소 사고 당시 반복되었던 '상정외'라는 정부 관계자의 항변은, 재난의 범위가 정부에서 미리 정해져 있었음을 전 세계적으로 환기하는 말이기도 합니다. 그런 의미에서 정부의 능력치를 초과하는 재난의 도래는, 기존의 재난이 어떻게 관리되고 처리되고 있었는지를 돌이켜보도록 만듭니다.

요컨대 거의 매년 찾아오는 홍수에 의한 수해나 가축 전염병 등의 재난이 우리에게 거의 경험되지 않는 것은 정부가 어떤 종류의 재난에 대해서는 체계적으로 관리하고 처리했던 것과 관련이 있습니다. 이러한 정부의 기능은 분명 필요하고 환영한 일이기도 하지만, 한편으로 이는 마치 "재난은 정부의 몫"이라는 인식을 강화한 것은 아니었을까 합니다. 그런 일을 하라고 우리가 세금을 낸 거고, 정부가 있다고, 말입니다. 하지만 바로 우리가 낸 세금으로 관리되고 지원하고 보상해야 할 재난 대책 예산이라는 바로 그 이유로 그것은 유한한 재원에 구속받을 수밖에 없는 것은 아닐까요?

일본에서 정부의 상정을 넘어서는 재난을 겪은 후, 많은 사람들이 재난의 범위를 정부가 자의적으로 상정하고 대비하지 않은 것에 대해 매우 비판적이었습니다. 특히 그중에서도 상정 가능한 재난만을 재난으로 인식한다고 하는 관례가, 오히려 재난의 성격과 정면으로 배치되는 것은 아닌가 하는 근본적인 의문 제기가 있었습니다. 그러니까 정부가 할 일은 관리하고 통제될 수 없는 재난을 미리 상정하고 대비하는 일에 있지 않을까, 하는 것입니다.

이러한 의구심 속에서 많은 말들이 쏟아져나오기 시작하면 '민의'를 대리=대표하는 정치인들이 움직이기 시작합니다. 국회 안에 재난과 관련된 위원회가 설치되어, 관료들을 소환해 재난의 책임을 묻거나, 재난 피해자들의 보상을 위한 예산을 편성하게 됩니다. 일견 기계적으로 진행되는 것처럼 보이는 이 과정에서, 그 재난의 원인을 둘러싸고 여야의 첨예하면서도 지루한 공방이 이어지기도 합니다. TV로 생중계되는 이 모습 역시 우리가 경험하는 재난의 일면입니다.

후쿠시마 원전 사고와 세월호 참사 이후, 우리는 정부와 국회에서 재난이 이야기되는 모습을 오랜 시간 동안 지켜봐 왔습니다. 재난의 경과가 분 단위로 미분되어 재현되고, 같은 시간대에 재난 관련 정부 관계자와 정치 책임자의 동선이 대비되어 체크됩니다. 일견 행정과 정치의 현장과는 무관한 듯이 보이는 재난은, 그동안 베일에 가려져 있었던 '정치의 현장'을 강제로 열어가는 힘을 갖게 됩니다.

통상적으로 정치의 현장은, 정치인들이 선거 유세를 벌이는 곳, 당선된 이후에는 국회의 각종 회의실과 사무실 등으로 표상됩니다. 하지만 정치의 최종적인 심급인 '결정'이 이루어지는 곳이야말로 정치의 현장일 텐데, 그곳은 일반적으로 베일에 가려져 있습니다. 공인으로서 정치인 역시 사생활이 있으므로 정치인의 모든 동선이 공개되지는 않는 것이 관례입니다. 정치인들은 어딘가 보이지 않는 곳에서 보고받고, 논의하고, 결정한 후, 국민들 앞-TV 카메라 앞-에서 말하면 될 뿐입니다. 하지만 어떤 종류의 재난 상황은 이러한 정치인들의 사생활을 허락하지 않습니다. 특히 책임질 위치에 있는 정치 관료들의 일상이 미디어에 의해 노출되고, 부적절한 언동이 확인되면 대중들에 의해 큰 비난을 받게 됩니다.

그래서 이태원 참사 이후 한국의 보수 미디어들은 "재난의 정치화"에 대해 우려를 표하는 논설들을 게재했는데, 이는 재난과 정치를 분리하라는 요구입니다. 그러한 요구는, 현 정권이 한국의 세월호 참사 이후 박근혜 전 대통령이 탄핵에 이르기까지의 과정을 답습하게 될지도 모른다는 우려에서 나온 것입니다만, 한편으로 재난과 정치의 분리 주장만큼, "재난의 정치화"를 보여주는 사례도 없을 것입니다. 기후변화 이후 재난은 이미 매우 중요한 정치적 의제일 뿐만 아니라, 사람들의 관심과 힘을 잃어가는 정치를 여전히 중요하게 여기도록 만드는 이유인데, '재난'을 정치적 의제로 만들지 말라는 것처럼 시대착오적인 정치적 주장이 또 있을까요?

이러한 "재난의 정치화" 주장은 정부로 하여금 절대적으로 소수인 재난의 당사자와 다수인 재난 비=당사자 사이에서 후자의 편에 서도록 유도합니다. 나아가 재난 당사자를 소수로 한정하거나, 소수자를 대리=표상해야 한다는 당연한 정치의 사명을 왜곡한다는 점에서 매우 문제적인 "재난의 정치화"입니다.

매우 슬프지만 이러한 어처구니없는 주장을 접하게 되는 것도 재난의 경험 중 일부라고 할 수 있겠습니다. 단 한 번에 유일무이한 존재들을 상실시키는 무자비한 재난이 정권 유지를 불가능하게 만들지도 모른다는 공포가, 아예 정치와 사유의 국면에서 재난을 추방하도록 만드는지도 모르겠습니다. 하지만 마치 재난이 일어나지 않은 것처럼 살도록 만드는 것, 그러니까 재난 없는 세계라는 판타지 속에 국민을 살도록 만드는 것, 바로 이것이 "재난의 정치화"가 아니면 달리 무엇이 있을 수 있을까요.

그렇다면 재난으로 인해 개시되는 정치는 어떤 모습이어야 할까요? 그러니까 재난을 하나의 존재로 간주하는 세계에서 정치는 과연 어떤 기능을 해야 하는 것일까요?

이 물음은 비단 정치인들의 윤리적 자세에 한정되지는 않을 것입니다. 정치인들의 역할이 여전히 '민의'의 대리=대표에 있다고 한다면, 그들이 대표할 '민의'가 어떠한 것이 되어야 할지가 중요하다고 생각됩니다. 물론 그것은 결코 정답도 없고, 단일하지 않을 것입니다. 하지만 그러한 차이는 재난이 우리의 삶에 있어 하나의 정치적 의제임을 동의한다는 것을 전제로 만들어질 수 있다는 것만은 분명합니다.

5. 재난은 그렇게 정치를 요청하고

재난은 우리에게 다양한 감정들을 경험하도록 만듭니다. 깊은 상실감과 함께 찾아오는 슬픔, 공허함과 무력함, 분노와 우울, 지겨움과 환멸을 차례로 경험하게 만듭니다. 재난이 만들어내는 이러한 감정들은, 한번 찾아온 재난이 우리의 마음속에서 의외로 긴 시간을 체류하고 있기 때문에 비롯된다고 생각됩니다. 그리고 이렇게 다양한 감정을 경험하면서, 우리는 우리 삶에 있어서 중요한 것과 그렇지 않은 것에 대해 다시 생각해보는 기회를 얻게 됩니다.

무엇보다도 재난은 우리에게 생명의 소중함을 절절히 깨닫게 만듭니다. 인간은 몸을 가진 유한한 존재이며, 외부 환경에 취약하다는 것을 말입니다. 그러한 깨달음은 인간에 대한 정의를 바꿔놓기도 합니다. 예를 들면 주디스 버틀러는 911이라는 재난 이후, 인간을 취약성(vulnerability)이라는 관점에서 재정의했습니다. 이는 인간을 자연에 비해 우월한 존재로서 정의해온 서구의 형이상학적 전통으로부터 벗어나, 정치적 주체를 상처받기 쉬운 취약한 존재들로 재편하기를 요청하는 시도이기도 합니다. 소중한 것들을 서슴지 않고 빼앗아가는 폭력 같은 재난 앞에 생명은 취약하고, 한번 상실된 생명은 대체 불가능하기에, 길고 긴 애도가 필요할 수밖에 없습니다. 그리고 그는 그러한 애도로부터 새로운 정치를 구성하기를 제안합니다.

한편 다른 관점에서 재난은 인간의 다양한 활동과 활력으로 가득 차 있는 삶을, 오직 생존 여부만이 중시되는 생명으로 축소하는 사건입니다. 이탈리아의 철학자 아감벤은, 코로나 팬데믹 시기 이탈리아의 봉쇄와 마스크 착용 명령을 인간을 가축화하는 정치적 명령으로 간주하고, 이에 저항하는 글을 쓰기도 했습니다. 국민을 보호하기 위한 정부의 조치에 대한 아감벤의 비판은 코로나19의 무서움을 간과한 시대착오적인 주장에 지나지 않는 것처럼 보일 수도 있습니다. 하지만 이러한 무서운 재난이 국민들을 가축처럼 더 효율적으로 관리하고 통제하기 위한 기제로 전용될 수 있다는 점은 부정할 수 없습니다. 그는 인간이 인간일 수 있는 것은 생명보다 더 소중한 가치를 믿고, 이를 지키려는 노력 때문이라고 생각하는 것이죠, 설령 코로나 팬데믹의 시간이더라도, 말입니다.

이렇게 재난은 어떤 이들에게는 생명 그 자체를, 어떤 이들에게는 생명보다 더 소중한 가치를 더 중요하게 간주하도록 만드는데, 이는 재난이 이미 각자에게 정치적 장임을 보여주고 있는 것입니다. 왜냐하면 정치는 인간을 정의하고, 이에 따라 우선순위를 정해 재화를 분배하거나, 위험을 격리하고 배제하는, 가치판단을 둘러싼 투쟁의 장이기 때문입니다. 그런 의미에서 재난은 정치 그 자체를 전경화하는 사건이 될 수밖에 없으며, 나아가 가치를 둘러싼 정치적 논의의 장이 여전히, 아니 더욱 필요함을 반복적으로 환기하는 사건으로 경험되고 있는 것입니다.

물론 이는 국회를 통해서 우리가 경험하는 정치와 반드시 일치하는 것은 아닙니다. 현실 정치의 실망감 속에서 TV나 스마트폰을 끄고, 그 후 찾아오는 정적의 시간 속에서 어렵게, 그러나 용기를 쥐어짜 내 만든 성긴 말들로 구성되는 '민의'와, 이를 대리=표상할 수 있는 '정치'는 아직 현실 공간에는 없는지도 모릅니다. 그렇다면 그렇게 재난은 우리로 하여금 현실 정치와는 다른 또 다른 정치를 모색하도록 만들 수밖에 없는 경험적 토대가 되어가고 있는 것은 아닐련지요. (*)

재난의 안과 밖

동일본대지진과 코로나19 그리고 다른 죽음들

심정명

1. '우리'라는 물음에서부터

구도 레인(くどうれいん)의 『고드름의 목소리(氷柱の声)』를 읽었다. 2021년 3월 5일에 발매된 문예지 『군조(群像)』 4월호에 실린 뒤 제165회 아쿠타가와상 후보에 오른 소설이다. 이 책에는 동일본대지진과 관계가 있는 사람들의 다양한 경험과 감정들이 등장한다. 아니, 애초에 등장인물들과 동일본대지진의 관계 자체가 다양하다.

예를 들면 이렇다. 주인공인 이치카는 지진이 일어나던 당시 이와테(岩手)현에 살던 고등학생으로, 큰 지진을 겪기는 했지만 쓰나미의 피해는 입지 않았다. 그런 그는 뭔가를 잃어버린 당사자만이 일어난 일에 대해 이야기할 수 있는 자격이 있다고 여겨지는 데에 막막함을 느낀다. 그런 이치카에게는 미야기(宮城)현에서 지진을 겪은 뒤 쓰나미의 영상이나 불타는 게센누마(気仙沼)를 잊지 않겠다고 다짐하는 연인이 있다. 또 동급생들 대부분은 가족 중 누군가를 잃었음에도 아무런 피해도 입지 않은 자신에게 대지진이라는 커다란 이야기가 덮어 씌워진 것 같다고 느끼는 후쿠시마(福島)현 출신 친구도 있다. 그 친구는 이치카에게 말한다.

하지만 그건, 그건 너무나 잔혹한 일이야. 유리에 둘러싸여 있지 않으면 어디에나 있는 당연한 풍경인데. 유리에 갇히고 거기에 '2011년 3월 11일'이라는 캡션이 붙는 순간 '특별한 의미'가 되어 버린다니 잔혹해. 우리는 이제 줄곧 그 캡션과 함께 생활할 수밖에 없잖아. 그럼 조금이라도 그 '특별한 의미' 속에 다양한 사람들이 있고 다양한 인생이 있다는 것을 사람들이 알 수 있게 하면 되지 않을까 생각했어. 이대로 모두가 '더 힘들었던 사람도 있으니까 나는 이야기할 자격이 없다'면서 자기 경험을 말하지 않는 사이에 대지진에 대해 이야기하는 사람이 자꾸 줄어들고, 대지진을 이야기한다는 가장 힘든 일을 결국 그때 가장 괴로웠던 사람들에게 부탁하게 되는 거잖아.[1]

이 소설이 보여주는 것은, 삶의 풍경에 '2011년 3월 11일'이라는 캡션이 붙는 순간 부여되는 '특별한 의미' 속에 존재하는 다양한 사람들과 다양한 인생의 모습이다. 동일본대지진을 어떠한 방식으로 겪었든, 그때 어디에서 무엇을 했든, 그 이후를 살아가는 사람들은 그 사건과 서로 다른 관계들을 맺고 있다. 그래서 작자인 구도 레인은 이 소설의 후기에서 이른바 '지진물(震災もの)'이라는 것은 없으며, "2011년 3월 11일 이후 우리의 생활은 모두 '지진 후'의 것"으로서 어디에 살더라도, 또 아무 것도 잃지 않았더라도 그 인생은 '지진물'이라고 결론 내렸을 테다.[2]

그런데 실은 이 소설에 등장하는 인물들도, 그리고 작자가 이 소설을 쓰기 위한 취재 과정에서 만났다는 사람들도 동일본대지진이 일어난 도호쿠(東北)지방과 어떻게든 연고가 있는 사람들이기는 하다. 그렇다면 이 날짜의 '이후'라는 시점이나, 그 후를 살아가는 '우리'라는 호명은 어떠한 범위

---

1   くどうれいん, 『氷柱の声』, 講談社, 2021, 107쪽.
2   위의 책, 119쪽.

까지를 포함하는 걸까? 정확히 말하면, 3월의 그날 이후 무수히 발화되었던 "힘내라 일본"이라는 말에 스스로를 포함시킬 수 없는 사람들도 스스로를 이러한 '우리'로 생각할 수 있는가? 혹은 그래도 되는가?

이 글을 쓰기 시작하면서 서두를 몇 번씩 썼다가 다시 지웠다. 이야기를 꺼내는 적절한 방식이 어딘가에 있을 것 같은데, 그것이 잡히지 않는 기분이었다. 가령 이런 경험들을, 썼다 지웠다.

2011년 3월 11일에 나는 도쿄에 있었다. 당시 도쿄에 살던 동생의 집에 며칠 와 있는 중이었다. 대중교통이 끊겨 도보로 이동하는 소위 '귀택난민'들에 뒤섞여 긴자(銀座)에서 모리시타(森下)까지 걸었다. 밤중에 본 도쿄의 강은 어딘가 검고 부풀어 보였다. 한국의 가족들은 계속해서 전화를 걸었지만, 연결은 잘 되지 않았다. 13층에 있던 동생의 방은 흔들림 때문에 엉망이 되어 있었다. 액정 텔레비전과 책들이 바닥에 떨어져 있었고, 냉장고 위에서 떨어진 전자레인지가 문짝을 부숴 버렸다. 그때는 아직 쓰나미에 대해 몰랐다. 텔레비전을 켰다가, 쓰나미의 영상을 보고 둘이서 망연자실해서 엉엉 울었다. 후쿠시마 원전사고가 보도되고, 다음날에는 동네 슈퍼마켓에서 물건이 동났다. 휴지, 생수 같은 것들이 부족했다. 그날 돌아오는 길에 역 앞 모퉁이의 드럭스토어에서 쌓아놓고 팔고 있던 두루마리 휴지 한 묶음을 생각 없이 사두어서 다행이었다.

주말이 지나고 동생은 회사에 나갔다. 방사능 대책이랄 것도 없어서, 스카프로 얼굴을 감싸고. 생각났다는 듯이 한 번씩 흔들리는 방안에 혼자 앉아 나는 내내 인터넷에서 원전사고에 대한 정보들을 찾고 또 찾았다. 진도2 이상쯤 되는 여진이 올 때마다, 걸어 놓은 풍경이 맑은 소리를 냈다.

나와 동생에게 그 소리는 한동안 지진을 떠올리게 하는 신호였다.

베크렐, 시버트 같은 말들을 처음 보았다. 도쿄에서도 피난을 가는 사람들이 있었고, 누군가는 그들을 외국인이나 비국민이라고 불렀다. 많은 사람들이 불안해했는데, 나도 마찬가지였다. 아무 것도 정확히 알 수도 없고, 또 할 수도 없다고 생각했다. 계획정전으로 도쿄 시내는 어둠침침했다. 텔레비전에서 쓰나미 영상을 보면서 훌쩍거리거나, 아니면 우리의 안전을 걱정하면서 대부분의 시간을 보냈다.

거기에 겹쳐지는 것은 유학생활을 마치고 한국에 왔다가 다시 돌아가서 살게 된 교토에서 마주친 팬데믹의 경험이다. 2020년 초였다. 늘 그렇듯 해가 바뀌어도 게으름은 나아지지 않아서, 마감일 자정이 지나고 새벽까지 발표원고를 썼던 한국의 학회가 갑자기 온라인으로 바뀌었다. '줌' 화상회의를 처음 사용해 보았다. 오랜만에 서울에 다녀올 생각에 들떠 있었던 터라, 고민하다가 한국에 다녀왔다. 평소에는 타지에서 온 관광객들로 꽤 붐비는 곳이었는데, 호텔 주변은 왠지 어둡고 한산해서 2011년의 도쿄가 떠올랐다.

교토에 돌아오고 며칠 뒤에 대학에 출장보고서를 내러 갔다. 대구의 집단감염이 일본에도 보도되고 있었다. 그런 일이 있기 전에 무사히 다녀올 수 있어서 다행이었다고, 담당직원이 내게 말했다. 십 년 전에 방사능이 한국으로 날아오는 것을 경계하던 뉴스를 본 기억이 어쩐지 거기에 겹쳐졌다. 방사성 물질도, 바이러스도, 국경과는 상관없이 이동하는 것이었다.

3월과는 달리 슈퍼마켓의 물건들은 그대로였지만, 이 무렵에는 드러그스토어에서 마스크나 체온계, 거즈붕대 같은 것들이 바닥나곤 했다. 다시금 사재기가 문제시되었다. 그러고 보니 2011년 그때, 회사의 배려로 꽤 긴 휴가를 얻은 동생과 함께 고속열차를 타고 함께 교토에 왔더니 늘 가는 슈퍼마켓

앞에 두루마리 휴지가 산처럼 쌓여 있는 것을 보고 둘이서 놀랐다. 모든 사람에게 똑같이 닥치는 일도, 모든 사람에게 똑같이 경험되지는 않는다는 것을 그때 느꼈다. 같은 나라의 동쪽과 서쪽도 그렇게 달랐다. 한 친구는 내게 한신아와지대지진 때의 이야기를 하며, 솔직히 말하면 그때에 비해 자신은 별로 느끼는 것이 없다고, 도쿄가 얼마나 영향을 받느냐에 따라 사람들이 느끼는 심각성이 달라지는 것이 오히려 이상하지 않느냐고 물었다.

떠올려 보면, 처음에 팬데믹은 나와는 멀리 있는 일처럼 느껴졌다. 사실 중국에서 이상한 유행병이 돌고 있다는 글을 인터넷에서 보기는 했다. 그전에는 일본에서 지내면서 신형 인플루엔자가 유행하는 것을 보았고, 한국에서 메르스로 사람들이 죽거나 아프다는 뉴스를 보았다. 이 정체모를 유행병이 코로나19 팬데믹으로 몇 년 동안 계속되리라는 것을 짐작도 할 수 없는 상태에서, 연초답게 중장기적인 계획을 세웠다. 어느 시점부터 그것을 다른 곳에서 벌어지는 비극이 아니라, 우리 모두의, 나의 일이라고 느꼈던가? 모르는 사이에 트위터에서 외신을 훑기 시작했다. 그리고 코로나로 죽은 사람을 세는 기사를 읽으며 또 다시 멍청하게 펑펑 울었다.

동일본대지진으로 죽거나 행방불명된 사람은 18,423명에 이른다고 한다.[3] 방사능에 대한 막연한 두려움을 제외하면, 2011년 3월 11일 이후로 계속해서 나를 사로잡고 있었던 것은 이러한 사라짐을 어떻게 이해할 수 있는가라는 물음이었다. 있어서는 안 되는 일이 일어난 것 같은데, 주위의 세상은 그냥 멀쩡하게 돌아갔다. 그 죽음들에 대해 어딘가에서 계속 생각하고 있다고 해서, 가령 그 일이 있자마자 도호쿠로 달려갔던 사람들과는 달리 적당

---

3 「東日本大震災から11年9か月」 https://news.yahoo.co.jp/articles/b544829a604a8225a341 82251dd131f32bc0bab6 (최종확인: 2022.12.12.)

히 떨어진 곳에서 나의 일상을 지키는 데에 고심했던 나도 '우리'인 것처럼 경험을 말할 수 있을까? 다른 사람의 아픔을 내 일인 것처럼 느끼는 것과, 그럼에도 불구하고 그것은 결코 내 경험이 아님을 분명히 아는 것, 그 사이의 거리감을 가늠하는 것이 늘 어려웠다.

2. 여러 겹의 장소

동일본대지진 이후에 쓰인 많은 문학작품들이 포스트3.11이나 재후(災後)의 문학으로서 여러 곳에서 이야기되었다. 이 '이후'의 문학들을 나도 꽤 열심히 읽었다. 문학을 거침으로써 내 물음에 답을 찾을 수 있을지도 모른다고 생각했기 때문이다. 단, 언젠가부터 거기서 어떤 단절을 읽어내는 데에는 동의할 수 없게 되었다.

기실 동일본대지진은 그 직후부터 종종 일본의 '전후(戰後)'에 빗대어지곤 했다. 가령 '이 풍경은 전후의 불 탄 자리와 겹쳐진다' 같은 말이 여기저기서 들려왔다. 그중에는 물론 이 사건을 전후의 종언으로 보거나, 전후라는 시대 자체를 소급적으로 바꾸어 나갈 수 있는 계기로 삼자는 주장들도 있었다. 쓰나미의 죽음 뒤에는 이러한 사건이 언어화될 수 있는가, 문학으로 이야기될 수 있는가라는 문제도 제기되었다.

시간이 지나고 나서, 쓰나미로 인한 수많은 죽음이나 그것을 바라볼 수밖에 없었던 경험에 대해 '세계가 바뀌었다', '언어를 잃어버렸다'라고 표현할 때 거기에 어떠한 경계가 전제되고 있는지를 생각해보게 됐다. 가령 2004년 인도네시아 수마트라 쓰나미로는 22만 명이 넘는 사람이 세상을 떠났고,

2010년 아이티 지진으로는 약 23만 명이 목숨을 잃었다는 것을 조사했다. 하지만 내가 아는 문학은 이 사건들과 관련해서는 그 이전과 이후로 나뉘지 않았다.

저널리스트 리처드 로이드 패리(Richard Lloyd Parry)는 피난이 늦어지는 바람에 많은 학생들이 쓰나미에 휩쓸려 목숨을 잃은 이시노마키(石巻)시 오카와(大川)소학교의 유가족들을 취재하여 『쓰나미의 영혼들』이라는 책을 썼다. 이 책에서 그는 유럽이나 미국에 사는 사람들에게 왜 동일본대지진이 인도네시아 수마트라 지진에 비해 더 충격적이었는가 묻는다. 그에 따르면, 그것은 감정이입의 차이 때문이다. 그들에게는 일본 도호쿠 사람들이 수마트라섬의 희생자들보다 더 "우리와 같은 사람"으로 느껴졌다는 것이다.[4] 여기서 중요한 것은 아마도 희생자 수의 더 많고 적음이 아니다. 여러 재난들을 희생의 크기라는 관점에서 비교할 수는 없다. 하지만 이 부분을 읽고 나는, 내가 영상으로 보았던 쓰나미를 거듭해서 생각했던 만큼은 다른 곳에서 일어나는 다른 죽음들에 대해 생각한 적이 없음을 새삼 떠올렸다. 변명하자면 그것은 아마도 2011년 도쿄에서 내가 동일본대지진이라는 사건의 가장자리를 살짝 경험했기 때문이기도 하겠지만, 한 가지 재난은 다른 재난들과 연결돼 있다는 것을, 사건들은 지금의 나를 에워싸고 있는 지리적, 시간적 경계로 분명히 구분할 수 없는 형태로 겹쳐져 있다는 것을 잘 실감하지 못하고 있었던 것인지도 모른다.

2021년에 제165회 아쿠타가와상을 수상한 작품은 이시자와 마이(石沢まい)의 『조개에 이어지는 장소에서(貝に続く場所にて)』다. 제64회 군조(群像)

---

4   リチャード・ロイド・パリー, 濱野大道訳, 『津波の霊たち: 3・11 生と死の物語』, 早川書房, 2018, 308쪽.

신인문학상을 받은 작가의 데뷔작이기도 한 이 소설은 동일본대지진으로부터 9년이 지난 뒤의 독일 괴팅겐을 배경으로 하고 있다. 주인공인 고미네 사토미는 거기서 유학을 하며 미술사를 공부하고 있다. 소설의 시작 부분, 사토미는 역 앞에서 일본에서 같은 대학 연구실에 있던 노미야를 기다리고 있다. 그런데 노미야는 "3월의 그날" 즉 2011년 3월 11일에 이시노마키의 본가에 있다가 쓰나미에 휩쓸려 행방불명된 인물이다. 그러니까 사토미가 만나는 것은 유령인 셈이다. 노미야가 나타난 뒤로 소설 속 괴팅겐에서는 이상한 일이 생긴다. 그것은 말하자면 그 장소의 과거가 현재에 겹쳐지기 시작하는 일이다. 아니, 그전에 먼저 동일본대지진의 기억이 다른 나라에서 겪는 팬데믹의 경험과 연결된다.

3월의 날에 대한 기억은 시각적인 것에 그치지 않았다. 내 안에서도 아마 신체의 각 부분에 그 지진의 인상이 새겨져 있다. 오른손. 여진에 겁을 먹은 반려견의 등에 난 털의 촉감. 불면에 시달리며 퍼석퍼석하게 기름기를 잃어버린 털을 쓰다듬는 반복운동. 밤의 어둠 속에서 전기 스위치를 누르는 무의식적인 습관과 어둠을 향한 낙담. 왼손. 장시간 줄을 서서 손에 들어온 식료품 봉지가 파고 드는 아픔과 빨간 자국. 깨진 식기를 정리할 때 손끝에서 느껴진 차가운 아픔. 집회소에서 유일하게 물이 나오는 수도에 줄을 서서 떨어지는 물에 페트병을 대던 젖은 차가움. 귀. 차가 끊긴 도로의 공백. 정보의 단편을 이어 붙이려고 하는 대화. 라디오 소리. 마침내 연결된 전화에서 들은 목소리들. 대학 캠퍼스에 사는 고양이가 굶주려서 달려오며 내던 비명 같은 울음소리. 캔이나 사료를 주었을 때의 씹는 소리. 두 다리. 식료품을 사려는 긴 행렬 속에서 공복감과 추위로 반복하던 리듬

없는 발 구름. 버스도 없어서 계속 걷는 바람에 굳어진 발바닥.(…)[5]

　사재기 때문에 슈퍼마켓 진열대에서 상품이 줄어들거나 물건을 사기 위해 가게 앞에 사람들이 줄을 서 있는 지금은, 신체 감각에 새겨져 있는 과거를 환기시킨다. 드럭스토어에서 마스크를 찾기가 어려워졌던 것이, 계산대에 투명한 아크릴판을 세운 슈퍼마켓에서 며칠 분의 장을 본 다음 사나흘씩 틀어박히곤 하는 생활이, 인파가 사라지면서 어쩐지 조도가 함께 낮아진 듯한 상점가가, 내게 동일본대지진 이후를 떠올리게 했듯이. 이런 감각의 일부는 나도 알았다. 그때와 다른 것이 있다면 교토에 있으면서 이번에는 확실히, 나도 팬데믹을 경험하고 있다고 생각했다는 것이다. 바이러스의 확산에는 외부라는 것이 없었으니까.

　소설로 돌아가면, 노미야의 존재는 이렇게 현재와 이어져 있는 과거를 실체화한 것이기도 하다. 그리하여 '행성의 길'이라 불리는 태양계의 축적 모형에서는 철거된 명왕성의 브론즈판이 다시금 목격되고, 나치나 유대인 차별, 공습처럼 이 도시가 지나온 과거의 시간이 현재와 겹쳐져서 보이기 시작한다. 또 숲에서는 누군가의 생활에 편입되어 있었던 물건들이 발굴되어 나온다. 가령 지팡이, 장난감 칼, 다트 화살, 양 인형, 녹슨 잔, 손잡이가 부서진 양동이, 탑 모양을 한 인형의 집 같은 것들이다. 이 물건들은 그것을 사용했던 사람들과 연결되어 있고, 그들에 대한 기억을 상기시키는 계기가 되기도 한다. 물론 이것들은 노미야가 행방불명된 뒤에 그가 있던 해안 가까이로 다가갔던 사와다라는 인물이 보았던 쓰나미의 잔해와도 겹쳐진다.

5　石沢麻依, 『貝に続く場所にて』, 講談社, 2021, 59-60쪽.

인형이나 신발, 차나 가방, 옷이나 책, 책상에 서랍. 그것들은 단순한 명사가 아니었다. 거기에 있는 것은 시간에서 뜯겨져 나온 인간의 과거의 단편이었다. 사와다는 거기서 사람을 보았다. 의인화하지 않고, 모든 것이 빼앗긴 장소에 있는 시간이나 존재의 증명으로 파악한다. 하지만 그 누군가이면서도 그에게는 낯선 사람들의 목소리의 일부를 눈으로 보아도 그 기억을 공유할 수는 없다.[6]

사토미가 연구하는 것이 성인(聖人)을 나타내는 물건 즉 어트리뷰트 (attribute)라는 것도 이 소설에서는 중요한 역할을 한다. 물건들에 기억이, 또 그가 누구인지가 깃들어 있는 것이다. 숲에서 발굴된 물건들은, 어떤 장소가 실은 겹겹이 겹쳐져 있는 다른 시간들로 이루어져 있음을 보여주기도 한다. 장소는 한 겹이 아니라, 여러 겹이다. 무수한 사람들이 살았던 장소에서 우리가 살아간다. 하지만 사와다가 느끼듯, "그 누군가이면서도 그에게는 낯선 사람들"에게서 듣거나 볼 수 있는 것은 어디까지나 일부이고 그 기억은 쉽게 공유되지 않는다. 죽은 사람들과 산 사람들 사이에, 가족이나 사랑하는 사람을 잃은 사람과 그렇지 않은 사람 사이에, 쓰나미를 경험한 사람과 흔들림만 느꼈을 뿐인 사람 사이에, 도호쿠의 연안과 내륙에, 도호쿠와 그 바깥에, 그리고……. 사토미에게 "나는 9년 전 일로 커다란 상실감을 맛보았지만, 그것은 상실이 아니었다. 나와 아키코의 차이는 상실의 심도이다"[7]라고 말하게 하는 작자는, 이렇게 재난이나 죽음을 둘러싸고 이렇게 겹겹이 그어져 있는 선을 넘어도 되는가라는 질문을 소설 곳곳에서

---

6   위의 책, 67-68쪽.
7   위의 책, 80쪽.

던진다. 그것은 내가 가졌던 물음이기도 했다.

3. '딱 그만큼의 차이'

물론 여기에는 아직 답이 없다.

고바야시 에리카(小林エリカ)의 『트리니티, 트리니티, 트리니티(トリニ
ティ、トリニティ、トリニティ)』는 문예지 『스바루(すばる)』 2019년 4월에
실린 소설이지만, 어쩐지 이듬해부터 일어나게 될 일을 예견하고 있는 것
같기도 하다. 소설에서는 코로나19 팬데믹이 없었다면 도쿄올림픽·패럴림
픽이 개최되었을 2020년의 도쿄를 무대로, 노인들이 주로 걸리는 '트리니
티'라는 전염병이 등장한다. 제목에 있는 '트리니티'가 최초의 원자폭탄 실
험이 이루어진 장소인 트리니티 사이트를 가리키기도 하듯, 이 전염병은
9년 전의 원전사고로 인한 방사성 물질의 확산과 관련돼 있다. 트리니티의
주요 증상 중 하나는 치매와 같은 기억장애인데, 이 병에 걸린 노인들은
잃어버린 기억 대신 '방사능의 기억'이 들어오기라도 한 것처럼 방사능에
대한 지식을 늘어놓는다. 또 방사선량이 높은 '불행의 돌'을 들고 여기저기
를 배회하는가 하면, 방사성 물질을 흩뿌리기도 한다. 주인공인 '나'를 포함
해, 사람들은 피폭/전염을 두려워해 노인들을 기피한다.

소설에서 노인들이 가지고 다니는 이 '불행의 돌'은 방사성 물질인 동시
에 연결돼 있는 여러 재난들에 대한 기억이기도 하다. 그렇기에 방사능에
오염된 만 엔 지폐를 흩뿌려서 '테러리스트'라 지칭되는 노인은 "지금, 진짜
기억장애에 걸린 것은 제가 아닙니다. 눈에 보이지 않는 것들을, 과거를

망각하면서 조금의 고통조차 느끼지 않는 사람들 아닙니까?"[8]라고 쓴다. 그리고 이 기억이야말로, 전염되는 것이다.

먼저 '나'는 어머니가 트리니티에 감염되었을 수도 있음을 알게 된다. '나'는 어머니의 옷장을 뒤져서 찾아낸 '불행의 돌'을 내다버리고, 어머니가 컴퓨터에 일기로 남겨 놓은 방사능의 기억도 지운다. 하지만 삭제한 줄 알았던 일기는 어머니가 운영하던 블로그에 업로드되어 걷잡을 수 없이 확산된다. 그게 다가 아니다. '나'는 자기도 모르게 주워서 가방에 넣은 '불행의 돌'을 버리고 싶어도 버릴 수 없다. 그 돌은 계속해서 '나'에게로 돌아온다. 화면으로 보고 있던, 안전한 거리를 두고 있다고 믿었던 장소가 자신이 사는 곳과 이어져 있음을 '나'는 깨달을 수밖에 없다. 트리니티는, 전염병은, 기억은 그리 쉽게 남의 일이 되지 않는 셈이다. 재난의 바깥에 있다고 생각하던 나는 어느 순간 그 한복판에 있다. 혹은 다른 사람의 죽음이나 아픔이 어찌할 수 없게 나를 흔든다. 그런 일도 있다.

오카와소학교의 유가족인 사토 도시로(佐藤敏郎) 씨는 사이타마(埼玉)의 대학생이 쓰나미를 경험한 오카와소학교의 학생과 대화하면서 "그때 그는 오카와소학교의 교정에 있고 나는 사이타마의 교정에 있었다. 딱 그만큼의 차이다"[9]라고 이야기했다는 것을 전한다. '딱 그만큼의 차이'. 이 말에는 차이에 대한 인식도 있지만, 그 간격은 결코 넘을 수 없는 것으로서는 존재하지 않는다는 믿음도 동시에 존재한다. 지금 내가 서 있는 이곳도 언제든지 재난이 일어난 장소가 될 수 있다는 뜻에서. 혹은 최대한 다가갈 수

---

8   小林エリカ, 『トリニティ、トリニティ、トリニティ』, 集英社, 2019, 67쪽.

9   佐藤敏郎, 「「もしも」は「いつも」の中に: 震災10年に思う」, 『現代思想49 特集 東日本大震災 10年』, 青土社, 2021, 153쪽.

있다는 가능성에 걸어보는 마음도 거기에는 있다고 느꼈다.

10미터가 넘는 쓰나미가 덮쳐 시가지 대부분이 파괴당한 이와테현 리쿠젠타카타(陸前高田)시에서는 지대를 높게 만들어 재해에 대비하는 재건사업이 이루어졌다. 높게 쌓아올린 곳에 조성한 새로운 마을과, 원래 있던 마을의 흔적이 공존하는 모습을 작가인 세오 나쓰미(瀬尾夏美)는 '이중(二重)의 마을'이라는 말로 표현했다. 공사를 하는 동안 과거의 마을 흔적이 사라져가는 과정을 보면서 언젠가 그것이 눈에 보이지 않게 됐을 때도 그 모습을 상상할 수 있는 '가느다란 실마리'를 위해 세오는 『이중의 마을』이라는 이야기를 쓴다. 일종의 후기 격인 「"이중이 된다"는 것」에는 많은 사람들이 쓰나미로 목숨을 잃은 자리에 꽃을 바치는 사람들이 하나둘 늘어가는 가운데 기왕이면 그 땅 전체를 애도하기 위해 사람들이 거기에 '애도의 꽃밭'을 만들었다는 에피소드가 나온다. 그 중심에서 활동했던 한 아주머니는 "죽은 사람도, 살아남은 사람도, 지나가는 사람도, 지금은 여기에 없는 사람도, 모두 함께 있을 수 있는 장소로 만들고 싶다"고 하면서 꽃을 손질한다.[10]

재해 피해를 입었을 때 누구를 떠나보냈는가, 무엇을 잃었는가…… 같은 피해의 상세 사항에 따라 개개의 당사자성의 강약이 강제적으로 할당되어 버린 측면이 있다. 게다가 재해를 당한 마을에서는 그 경계가 더 섬세하게 다루어지기 때문에 누구나가 "말하기 어려움"을 끌어안고 있었다고 생각한다. 당시 나는 리쿠젠타카타에서 생활하고 있었지만, 지진이 일어나지 않았다면 나타나지 않았을 외지인이라는 것은 변함없었기에 "여기에 있어

---

10 瀬尾夏美, 『二重のまち/交代地のうた』, 書肆侃侃房, 2021, 239쪽.

도 되는 걸까?"라고 매일 발밑이 흔들거렸다. 하지만 이 꽃밭에는 "꽃이 예쁘네요"라는 한마디만 가지고 가기만 하면 누구나 똑같이 있어도 된다는 생각이 들어서, 그게 기뻐서 곧잘 드나들곤 했다. 그래서 아주머니가 말하는 '모두' 안에 다양한 입장에 있는 사람들이 포함되어 있다는 것을 알고 한층 더 안심했던 것이다.[11]

그러고 보니, 다른 책에서 승려인 아베 지카이(安倍智海)는 "'나보다 더 힘든 사람이 있으니까'라는 말로 솔직한 마음을 토로할 수 없었다면. 그러면 대체 누구라면 자기 마음을 솔직히 토로할 자격을 가질 수 있을까?"라고 단도직입적으로 묻고 있었다.

> 귀가가 어려웠던 사람에게는 자택이 떠내려간 사람이 그럴까? 그리고 자택이 떠내려간 사람에게는 가족을 잃은 사람. 그러면 가족을 잃은 사람에게는? 더 많은 가족을 떠나보낸 사람이 되나? 우리 안에는 무의식적으로 이러한 슬픔의 비교가 있다.[12]

이 '슬픔의 비교'는 이시자와의 소설이 이야기하는 '상실의 심도'와도 겹쳐진다. 나의 고통은 너의 고통만큼 크지 않고, 종종 남의 고통을 바라보는 우리는 스스로가 그 사건의 바깥에 있다고 느낀다. 그리고 앞에서 봤듯, 경험의 당사자성이나 깊이를 나누는 선은 얼마든지 촘촘하게 계속해서 그

---

11   위의 책, 239쪽.
12   安倍智海,「ざわめきと声の汽水域」, 鈴木岩弓他編,『＜死者/生者＞論: 傾聴・鎮魂・翻訳』, ぺりかん社, 2018, 102쪽.

어나갈 수 있다. 하지만 때로는 그것과 상관없이 함께 슬퍼하고 애도하고 또 기억하는 '우리'를 이야기할 수 있는 순간도 있다. 그것은 '불행의 돌'이 그렇듯, 나의 의지와는 상관없이 다른 사람의 기억이 나에게 밀려드는 사태이기도 할 것이다. 이 정도가 지금 말할 수 있는 답이라고 한다면, 역시나 조금 나이브한 걸까?

4. 공백을 지키기

『이중의 마을』에 수록된 「교대지의 노래」는 동일본대지진의 기억을 '계승'하는 현장을 만들고자 한 워크숍에 참가한 사람들의 이야기를 재구성한 글이다. 거기에는 쓰나미로 아들을 잃은 어머니가 생전에 아들을 알고 있던 사람들의 기억을 모두 합쳐도 온전히 채워지지 않는, 사람 한 명이 세상을 떠나면 생기는 '커다란 공백'에 대해 말한다. 그 어머니는 시간이 지난 뒤에도 이 공백을 계속 유지하고 싶다고 생각한다.

그 공백에 어쩌면 추모비를 놓을 수 있을 수도 있을 것 같다. 근래에 우연치 않게 두 개의 추모비를 보았다. 한번은 지하철역 안에서 헤매다가 출구를 잘못 찾아 나갔을 때다. 지도를 잘 읽지 못해서 다른 곳으로 나온 줄도 모르고 출구와 연결돼 있는 공원을 맞는다고 생각되는 방향으로 걸어 나갔더니, 거기에 있었다. 도시철도 1호선 건설 희생자를 기리는 비였다. 매일 생각 없이 타고 다니는 지하철역이 만들어지는 과정에서 희생된 사람들이 있음을 뒤늦게 알아차렸다. 그리고 얼마 안 있어 익산역에서 열차를 환승하다, 또 다른 추모비를 보았다. '이리역 폭발 희생자 추모탑'이었다.

이리역 폭발사건에 대해 검색해 보고, 그것이 1977년에 일어난 대형 폭발사고라는 것을 알았다.

내가 모르는 곳에 이런 추모비들이 또 얼마나 있을지 모른다. 몇 년 전 겨울에 방영됐던 드라마 <그냥 사랑하는 사이>가 생각났다. 1화에는 쇼핑몰 붕괴사고의 생존자이자 유가족이기도 한 주인공 강두가, 사고 자리에 새로 조성될 바이오타운 건설 현장에 잡부로 일하러 갔다가 붕괴사고 희생자 추모비를 유심히 바라보는 장면이 등장한다. 추모비는 공사장 구석, 전혀 눈에 띄지 않는 곳에 서 있다. 밤중에 현장을 다시 찾은 강두는 그 추모비를 밤새워 때려 부순다. 그 장면에서 카메라는 추모비에 죽 나열된 희생자들의 이름을 훑는다. 자신이 부순 추모비를 새로 만들게 된 강두는 또 다른 생존자인 문수와 함께 이곳저곳의 추모비를 찾아다닌다. 어떤 추모비는 찾아가기가 너무나 힘든 곳에 동떨어져 있고, 어떤 비석에는 한자가 너무 많아서 강두는 읽을 수 없다. 그래서 두 사람은 48명의 희생자들의 유가족을 직접 찾아가서 그들의 이야기를 듣기로 한다. 48명이라는 숫자에, 개별적인 삶을 되찾아주려는 것이다.

드라마에서는 이 희생자들이나 유가족의 이름이 중요한 역할을 한다. 강두는 추모비에 있던 이들 희생자의 이름을 통째로 외우고 있다. 유가족을 찾아다니는 과정에서 기억이 흐려져 아들이 사고로 죽은 것도 잊어버리고 매일 그의 귀가를 기다리던 어머니의 죽음과 마주했을 때, 강두는 그 죽은 어머니의 이름을 묻는다. 이름은 추모비에 기록된 기호가 아니라, 실재하는 삶과 묶여 있다. 쇼핑몰의 잔해로 만든 추모비에 이들은 하나하나의 이름과 그 이름으로 불렸던 사람들이 살았던 삶의 일부분을 기입한다. 그럼으로써 추모비를 보는 사람들은 희생자들을 추상적인 존재가 아니라 어쩌면 자신과 관계 맺을 수도 있었을, 구체적인 인간으로서 떠올릴 수 있다.

이 드라마는 2017년 말부터 2018년 초에 방영됐는데, 나는 여전히 주인공 강두를 잊지 못하고 있다. 시청자로서 드라마에 전혀 불만이 없었던 것은 아니지만, 강두는 세간에서 말하는 '인생 남주'로 기억에 남아있다. 건설현장에서 일하는 강두는 부실자재의 사용에 문제를 제기하고, 그 때문에 현장이 멈추자 교체할 자재를 구하기 위해 팔방으로 뛰어다니기도 한다. 지금까지 별 문제 없었는데 왜 까다롭게 구느냐는 상사에게 강두는 "지금까지 별 문제 없었으니까 괜찮다? 그러다 문제 생기면 그냥 뭐 재수가 없었네, 이러고 끝날 일이에요? 아니, 뭔 놈의 일을 다 이렇게 개판으로 해"라고 화를 낸다. 처음 들은 뒤로 지금까지 몇 번이나 강두의 이 대사를 다시 떠올리고, 다시 떠올렸는지 모른다. 강두와 문수가 만드는 추모비는 이 모든 참사나 재난을 "그냥 뭐 재수가 없었네, 이러고" 끝내지 않기 위해서, 거기에서 사라진 48명의 공백이 얼마나 큰 것이었는지를 조금이라도 전하려는 것이기도 했다.

이름들.

코로나19 팬데믹 초반에 뉴욕타임스는 1면 가득 코로나로 인한 십만 명의 사망자의 이름과 부고를 실었다.[13] 한 사람, 한 사람의 부고기사를 찾아서 모은 것이라고 한다. "헤아릴 수 없는 상실"이라는 표제가 말해주듯, 사망자 수의 막대함으로는 도저히 표현되지 않는 공백들이 지금도 무수히 생겨나는 중이다.

어떤 죽음들은 소위 말하는 '평화로운 일상'의 다른 쪽에 그냥 존재하는

---

13 「Incaculable Loss」 https://www.nytimes.com/interactive/2020/05/24/us/us-coronavirus-deaths-100000.html (최종확인: 2022.12.12.)

것처럼 여겨지기도 한다. 오키나와의 작가 메도루마 슌(目取真俊)이 일본 본토에 강연을 갔다가 분노를 느낀 경험에 대해 쓴 것을 읽은 적이 있다. 그 이유는 이렇다. 그가 사건을 크게 보도한 오키나와 신문을 강연회장에 게시하고 강연 서두에 이야기를 했음에도 불구하고, 그의 이야기를 들으러 온 누구도 얼마 전 해병대원 출신 미 군속에게 살해당한 여성에 대해 질문조차 하지 않았다는 것이다. "나 같은 사람의 이야기를 들으러 올 정도니까 기지 문제(…)에 관여하며 데모나 집회에도 참가하고 있는 사람이 많을" 테니, 사건에 대한 마음을 조금쯤 이야기할 법도 한데 말이다.

이 분노를, 가령 이제는 코로나19로 인한 죽음도 어디에서나 언제나 있을 수 있는 일상적인 세상사의 일부로 받아들이게 된 것 같은 세계에 대한 의구심과 연결시킨다면, 그것은 메도루마의 문제의식을 너무 왜소화하는 것이 될까? 그럴지도 모르겠다. 하지만 아무리 생각해도, 이 모든 갑작스러운 죽음들은 결코 당연하지 않은 것 같다. 그리고 그 당연하지 않음에 계속해서 구애될 수밖에 없지 않은가?

내가 경험한 동일본대지진과 팬데믹은 이런 것들을 생각하는 계기였다. 여전히 맞는 답을 알 수 없다는 곤란함 속에서, 어떻게 하면 내 말이 '우리'가 되어 달라는 요청과 함께 할 수 있을지를 고민한다. 아니, 이것은 역시 스스로를 너무 미화한 표현이다. 2011년 그때와 똑같이, 여전히 나는 이 죽음들과 어떻게 마주해야 하는지를 모르고 있을 뿐이다. 단지 사람은 그렇게 간단히 죽어서는 안 되며, 하물며 그 삶이 그렇게 아무 것도 아닌 것처럼 잊혀서는 안 된다는 것만이 분명한 것 같다.

쓰나미 이후 미야기에서 생겨난 지식

『진재학』을 읽고 알게 된 것들

윤여일

1. 2011년

2011년 3월 11일, 진도 9.0의 대지진이 해저에서 일어나 일본 동북 지역을 강타했다. 이윽고 쓰나미가 해안 지역을 덮쳤다. 그 날 일본의 지인들에게 안부를 묻는 메일을 보냈다. 하루이틀에 걸쳐 다들 답장을 보내줘 일단 안심할 수 있었다.

3월 13일, 후쿠시마 원전의 긴박한 사태가 속보로 오르기 시작했다. 연일 사태의 심각성을 전하는 보도가 이어졌다. 다시 지인들이 염려되었다. 그러나 지진이 발생하자 바로 피해 여부를 물어보았던 때와 달리 선뜻 메일을 보내기가 어려웠다. 시시각각 변하는 원전 사태 아래서 어떤 표현을 골라야 할지 조심스러웠다. 어제와 오늘이 다르고 내일이 또 오늘과 어떻게 달라질지 모를 상황에서 괜찮은지 물어보아도 상대가 답하기란 어려우리라고 짐작했다.

그렇게 망설임이 길어지는 동안, 동일본 재해 사태를 대하는 한국사회 여론의 동향을 주시했다. 사태 직후에는 일본 사회를 향한 동정 어린 시선, 나아가 고통을 나누려는 분위기가 생겨났다. 여기저기로 모금 운동이 번져가고 언론들도 인간애를 중시하는 논조였다. 그간 한국사회의 언설 공간에서 어떤 소재로든 화제로 부상할 때면 일본은 한국인의 민족감정이나 반일 정서를 자극하는 회로로 기능하곤 했으나 이번에는 그 구도에서 벗어날

기미를 보였다.

하지만 그 분위기는 채 3월을 넘기지 못했다. 방사성 물질이 바다 건너 한국까지 날아올지 모른다는 사실이 알려지고 그 우려가 현실화되자 '일본발 재앙'에 대한 염려가 동정의 감정을 밀어내기 시작했다. 한 달도 되지 않는 기간에 동일본 재해 사태에 대한 보도는 폭증하고 유동하고 바람의 방향에 따라 크게 반전하더니 결국 독도 문제로 안착했다. 중요한 가능성의 시간을 유실했다고 느꼈다.

2. 2018년

그로부터 7년의 시간이 흘렀다. 그사이 강제징용, 위안부, 수출 규제, 지소미아 문제를 거치며 한국과 일본 정부간 관계는 전례 없이 경색되고 시민 사이의 관계도 더 없이 삭막해져 있었다. 그리고 동일본 재해 관련 보도는 방사능 오염수 배출 문제처럼 여전히 진행 중인 후쿠시마 사태 관련 소식이 간헐적으로 전해지다가, 2020년 도쿄올림픽이 다가오면서 기사량이 크게 늘었다. 도쿄올림픽에서 후쿠시마산 식재료가 쓰이고 야구, 축구 등 여러 종목이 후쿠시마 인근 경기장에서 진행될 예정이라는 게 알려지면서 후쿠시마는 다시 거론되기 시작했다.

한국사회에서 후쿠시마는 드러난 파괴와 잠재적 위험의 이름이다. 하지만 동일본 재해 이래 늘 그랬던 것만은 아니다. 한 시기 후쿠시마는 탈원전이라는 체제전환을 상징하는 이름이기도 했다. 후쿠시마 사태를 곁에서 겪고 나서 한국사회는 뒤늦게나마 서서히 탈원전의 길로 향하던 중이었다.

이 전환은 미진하지만 근본적인 것이었다. 원전 중단은 발전發電 형태만이 아닌 사회체제를 바꾼다는 의미를 지닌다. 그것은 대량생산-대량유통-대량 소비-대량폐기를 유도하는 현대 사회체제와의 싸움이며, 무한한 성장을 실 현해줄 무한한 에너지 사용이 지구상에서 가능하다는 자본주의적 망상과 의 싸움이며, 지금 축배를 들고 뒤처리는 미래세대에 맡기자는 반윤리와의 싸움이다. 탈원전은 단순한 에너지 정책을 넘어서며, 그리되어야 한다. 그 것은 분명 후쿠시마의 교훈이었다.

하지만 동일본 재해로부터 무엇을 사고할 것인지에 관한 인식은 대체로 거기서 멈춰 있었던 듯하다. 적어도 나는 그러했다. 그 해 미야기현에 가서 마을을 살려내려고 고투하는 분들을 만나기 전까지는 말이다. 그 견학은 후쿠시마만으로 동일본 재해를 떠올려온 내 편협한 시각을 바로잡게 했다. 미야기가 있으며, 이와테가 있는 것이다.

3. 미야기

한국사회에서 후쿠시마와 달리 '미야기'는 생소한 이름이다. 그 이름은 후쿠시마처럼 모종의 문제의식을 불러일으키는 자장으로 기능하기 는커녕 막대한 피해를 입은 동북 3현 중 하나라는 사실도 그다지 알려져 있지 않다. 이는 한국의 언론이 후쿠시마현의 피해에 대해서는 집중 보도했 지만, 미야기현을 덮친 쓰나미의 영상은 가져다 쓰면서도 그곳의 피해는 심층적으로 접근하지 않았으며, 이후로는 후쿠시마와 달리 언급조차 하지 않은 데서 얼마간 기인할 것이다. 동일본 재해에서는 지진 자체나 원전 폭발보다 쓰나미로 인한 희생자 수가 훨씬 많았고, 미야기현은 동북 3현 중 쓰나미로 인한 피해가 가장 컸다. 쓰나미로 침수된 동북 지방의 전체 면적 561㎢ 중 미야기현의 침수 면적은 58%인 327㎢에 이른다.

새삼 미야기현의 쓰나미 피해를 거론하는 것은 과거의 희생을 돌이켜보기 위함만이 아니다. (후쿠시마와 달리) 그곳에서 현재 벌어지는 일들이 한국 사회에서 무엇을 시사하는지에 대한 관심을 환기하기 위해서다. 아마도 한국에 거대한 쓰나미가 찾아올 확률은 원전에서 심각한 문제가 일어날 확률보다 낮을 것이다. 그럼에도 그때 견학에서는 후쿠시마만큼이나 미야기가 '재후(災後)'라는 시간대를 사고하는 데서 기억해야 할 이름임을 알게 되었다.

4. 방조제

사실 불과 닷새에 걸쳐 일부 지역을 다녔을 뿐이지만 '미야기'라는 현 단위의 이름을 거론하는 것에 관해 이해를 구하고 싶다. 후쿠시마와는 얼마간 다른 재후의 문제계를 구성하려면 이 이름이 필요하다.

미야기현의 어느 해안가에 섰을 때 마주했던 거대한 방조제가 여전히 충격으로 남아 있다. 바다와 육지를 가르는 높은 담이 끝없이 이어져 있었다. 한국으로 돌아온 뒤 그 광경을 다른 사람에게 전하고 싶었지만 제대로 형용할 표현을 찾지 못했다. 그것은 인류사에 없었던 구조물이다.

한국에서 이런 보도는 들은 적이 있다. 동일본 재해 때 쓰나미의 높이는 최고 40미터에 달해 기존 제방으로 막아내기에는 역부족이었고, 지진과 쓰나미로 인해 기존 제방이 크게 망가졌다. 그래서 산리쿠해안의 400km에

[그림] 나카지마해안·츠야가와 재해복구공사 완성 이미지

해일을 막기 위해 해안과 하천을 따라 방조제를 구축할 계획을 이미지로 보여주고 있다. 해일 쪽 방조제의 높이는 최소 14.7미터에 이른다. 우하단의 이미지를 보면 계획상에서도 방조제 위로 오르지 않는 한 해안에서는 바다를 볼 수 없게 되어 있다.

이르는 해안선을 따라 전보다 높은 방조제를 쌓는다는 이야기를 들었을 때도 필요한 정비와 대비를 하는구나, 라고 여겼다.

하지만 직접 와서 보니 실상은 그렇지 않았다. 생활을 지키는 게 아니라 파괴하고 있었다. 현지 사정에서 유리된 관료적 구획으로 말미암아 1차 방제물, 2차 방제물, 3차 방제물 등이 비효율적으로 중첩되어 있거나, 일률적 형태의 방조제가 해안선의 모습과 어긋난다는 것도 문제였지만, 보다 심각한 문제는 방조제가 오히려 사람과 마을과 자연을 망가뜨리고 있다는 사실이었다.

당시 견학에서 만난 히라부키 요시히코는 회복탄력성(Resilience)을 화두 삼아 자연의 복원능력을 제대로 파악하는 것이 사회의 부흥에 공헌하는 길이라 여겨 재해 이후 수년 간 피해지역을 모니터링했다. 그 결과 시간이 지남에 따라 모래사장이 복원되고 생태계가 되살아났다는 사실을 확인했다. 먹이사슬의 정점에 있는 참매도 돌아왔다. 습지가 회복되어 자연 방제물의 역할도 기대할 수 있게 되었다. 그런데 돌이킬 수 없는 일을 저지른 쪽은 인간이었다. 거대 방조제가 들어선 곳에는 모래사장이 파괴되고 지반압으로 인해 지하수가 차단되어 습지가 사라졌다. 그는 거대 방조제로 인해 사람이 바다 곁에서 살 수 없다면, 방조제가 무슨 소용이겠느냐고 물었다. 최저 높이 15미터가 넘는 방조제 아래 서보았다. 바다가 보이지 않을 뿐 아니라 바다냄새도 맡을 수 없었다. 그곳은 바다에 인접한, 바다와 절연된 공간이었다. 수백 킬로미터의 해안이 처참히 살해당했다. 쓰나미가 아닌 방조제로 인해서 말이다.

하지만 미야기에는, 쓰나미가 쓸어가고 국가가 방치한 그 땅에는 다시금 억척스럽게 삶을 개척하는 분들이 계셨다. "방조제가 세워져 어촌 마을이 무너졌다. 부흥을 빌미로 행정권력과 거대자본이 어업권을 찬탈했다. 하지만 다시 바다와 함께 사는 마을을 만들 것이다."(사토 세이고) "마을이려면 가게와 학교가 있어야 한다. 절도 신사도 세워야 한다."(토오하라 이치로) "마을을 다시 만들 때 지역적 시각에 근거하고 선조들의 경험과 지혜를 참고할 것이다."(아베 사토시) 이들은 원점에서 관계를, 마을을, 산업을 다시 일으키고 있다. 가혹한 환경은 억센 실천과 사상을 낳을 것이다.

6. 부흥

한국으로 돌아와 '미야기의 부흥'이라고 검색해 보니 센다이시는 인구가 늘어나고 경기가 살아나고 있다는 기사가 나왔다. 연안지역인 재해지를 떠났지만 미야기현을 벗어나지 않은 이재민들이 미야기현의 중심도시인 센다이에서 자리 잡고 부흥 경제로 막대한 예산이 풀리면서 사람과 자본이 모인 것이다. 하지만 동일본 재해 이후 설립된 부흥청의 활동은 2020년에 종료될 예정이었다. 그리되면 재해지에서는 원조 자금과 파견 인재들이 사라진다. 이후로는 지방자치단체가 독자적으로 부흥을 이끌어가야 한다. 그런데 인구가 줄어들고 1차, 2차 산업의 기반이 무너진 상황에서 어떻게 재원을 마련해 부흥의 과제를 수행할 것인가. 거대 방조제의 정비도 막대한 재정적 압박으로 작용할 것이다. 졸속적인 부흥사업이 관료행정에 의해 주도되는 동안 부흥교부금에 기대는 지역경제, 건설자본과 유착된 지역정치의 구조가 공고해져 향후 부흥에서 커다란 질곡으로 남을 것이다.

7. 기민

한국으로 돌아온 직후 2025년 오사카 만국박람회 개최 소식을 접했다. 관련 뉴스에서 환호하는 일본정부의 관계자와 반기는 시민들의 모습을 보았다. 하지만 나는 축하할 마음이 생기기 않았다. 1964년 도쿄올림픽, 1970년 오사카만국박람회를 거치며 '전후'의 종언이 선언되었듯 그로부터 반세기가 지나 2020 도쿄올림픽으로 '재후'의 끝이 운운되고, 이어지는 오사카박람회라는 국제적 이벤트가 동북 지역으로 향해야 할 일본 시민들의 시선을 훔쳐가지 않을까. 그것이 두려웠다.

동일본 재해로 민주당이 몰락해 집권할 수 있었던 아베 정부는 도쿄올림픽을 앞두고 '부흥 올림픽'을 표방하며 후쿠시마 주민을 이용했다. 방사능 오염이 심각한데도 피난 지시를 해제하고 지원금을 끊고 거주 가능 피폭량 기준을 대폭 상향조정해 이재민들이 재해지로 돌아가도록 압박했다. 정상 회복의 연출을 위해 이들의 삶은 버려졌다. 후쿠시마보다 방사능 오염은 덜하지만 쓰나미로 삶터가 무참히 파괴된 미야기 주민들도 그러했다. 십년간 정부는 이들에게 아주아주 높은, 땅과 바다를 아마도 한 세기는 갈라놓을 방조제를 만들어주고는 이제 내버렸다. 단순화의 위험을 무릅쓰고 말하자면 여기 두 가지 기민(棄民)의 형상이 있다. 후쿠시마에서는 살 수 없는 땅으로 국가에게 내몰린 자들이 있다. 미야기에서는 살 수 없는 땅으로 국가가 내버린 자들이 있다.

8. 권유

미야기 견학을 제안한 사람은 현대총유론(現代總有論)을 제창한 이가라시 다카요시였다. 현대총유론은 토지를 비롯한 공간의 총유화를 통해 인구감소, 고령화, 수도권 집중, 지방의 소멸, 저성장이라는 사회 문제에 대처하자는 사회이론이다. 그는 재해지로 가서 인류사의 극점을 보라, 그곳은 향후 사회 구성의 문제를 사고하는 원점이다, 라고 말했다. 확실히 앞길이 안 보이는 그곳은 세계의 선두였다. 그곳에서 발생하는 문제는 앞으로 여러 사회의 많은 지역이 당면할 운명을 미리 표시하며, 그곳에서 일어나는 시도는 전인미답의 것으로 공동의 유산으로 삼아야 할 것이다. 그의 말대로 미야기는 분명 한국에서 온 내게 견학의 현장이었다. 본다는 것이 곧 배우는 것을 의미했다.

미야기 견학을 마치고 한국으로 돌아왔는데, 그 경험을 글로 써보지 않겠느냐고 그가 권했다. 나는 「사상과제로서의 미야기」라는 글을 썼으며, 그 글은 『진재학震災學』이라는 잡지에 실렸다. 미야기현 센다이시에 소재한 도호쿠가쿠인대학(東北学院大学)에서 발행하는 종합학술지다. 편집위원회 측에서 원고료를 보내겠다는 연락을 받았다. 나는 대신 『진재학』 지난 호들을 보내달라고 부탁했다.

9. 2020년

두 주 정도가 지나 『진재학』 14호까지가 우편으로 도착했다. 『진재학』은 동일본대지진 이후 2012년에 창간되고 매해 한두 차례씩 부정기간으로 간행된 잡지였다. 나중에 전부 셈해보니 당시까지 전체 313편에 달하는 글들이 『진재학』을 통해 발신되었다. 2021년이 다가오기 전 2020년 여름부터 『진재학』 전호를 살펴보기로 마음먹었다.

동일본대지진 십주기인 2021년 3월은 상징적 시점만이 아니었다. 동일본대지진 이후 일본 정부가 십년간 추진해 온 '부흥기간'이 일단락되는 시기이기도 하다. 일본 정부는 2011년 6월 '동일본대지진부흥기본법'을 제정하고 2012년 2월 부흥청을 설치했다. 부흥청은 2016년 3월까지를 '집중부흥기간', 2021년 3월까지를 '부흥·창생기간'으로 나누어 부흥예산을 집행해 왔으며, 2021년 3월부로 활동을 마무리할 예정이었다.

[그림] 동북 피해 3현과 피해상황

한국의 언론은 방사능 문제가 심각했던 후쿠시마현 위주로 보도했지만, 미야기현은 동북 피해 3현 중 쓰나미로 인한 사망자수와 침수면적이 가장 컸으며, 이와테현은 좁은 평지에 대부분의 도시와 항구가 몰려 있었기에 침수지역의 인구밀도가 가장 높았다.

그렇다면 십주기를 앞두고 이제 부흥은 마무리되었는가. 그 이전에 십년간 재해지에서는 대체 무슨 일이 있었던가. 이것이 『진재학』을 차근차근 읽어보기로 한 이유였다. 『진재학』의 표지를 넘기면 목차 다음에 동북 피해 3현의 지도와 함께 해당 시점까지 파악된 '동일본대지진에 따른 피해 상황'

이 기록되어 있다. 2019년에 나온 14호를 보면 일본경찰청 추산으로 사망자와 실종자 1만 8430명, 피해 건물 120만 6134동이었다.『진재학』에서 본 재해지의 현실은 부흥과는 거리가 한참 멀었다. 동일본대지진과 후쿠시마 참사는 재해지 주민들에게 생활과 생업의 근간을 뒤흔든 사건이었다. 대지진으로 피해 시가지는 지반 침하되었고, 쓰나미는 해안가 평야를 농사짓기 어려운 땅으로 바꿔놓았다. 방사능 오염으로 '귀환 곤란 지역', '거주 제한 구역'으로 지정된 삶터를 떠나야 했던 많은 이재민이 여전히 가설주택에서 비일상의 일상을 보내고 있었다. 재해지에는 기반시설 복구로는 해소되지 않는 생활여건, 생업수단, 지역커뮤니티 재구성의 과제들이 산적해 있는 것이다. 더욱이 일본 정부의 부흥정책이 토목 프로젝트 위주로 진행되며 인간과 자연 간의 유대 상실, 생태계와 경관의 쇠퇴 등의 문제를 야기하고 있었다.

10. 진재학

『진재학』의 진재(震災)란 '지진으로 인한 재해'를 일컫는다. 즉 이 종합학술지는 '진재'라는 단일 주제에 초점을 맞추어 창간되고 기획되었다. 그런데도 '종합학술지'임을 자임하는 까닭은 동일본대지진이 초래한 재해가 복합적 성격을 갖기 때문이다.

「『진재학』의 발행에 부쳐」를 보면 "진재가 물음에 부친 것은 셀 수 없이 많고 다 헤아릴 수도 없다. 에너지의 문제, 저널리즘의 문제, 후쿠시마 제1원자력 발전소 사고 해일 등 어느 문제든 미치는 범위가 광범위하다"라고 적혀 있다. 분명 동일본대지진은 지진·쓰나미·원전사고라는 동시다발적 재해이며, 자연적·사회적·경제적 재해이며, 초광역재해이자 장기재해다. 따라서 '진재'와 결부된 논점은 다면적이고, 그에 관한 관점들도 다각적일 수밖에 없다.

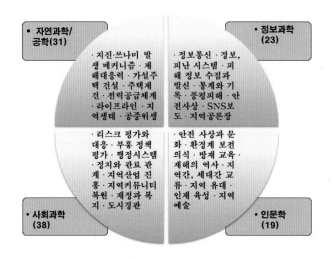

[그림] 『진재학』 필자(연구자)의 학문분야별 논제들

* 괄호 안 수치는 좌담을 제외한 관련 글 편수임.

　『진재학』을 읽으며 놀라웠고 또 부러웠던 대목은 재해의 복합적 속성에 걸맞게 분야를 달리하는 학계의 여러 연구자만이 아니라 피해주민·가설주택 입소자·농민·어민 등 생활자, 행정기관·시민단체·언론사·지역기업 등 실무자의 다양한 시각이 어우러졌다는 것이었다. 필자들의 면면을 살펴보면 학계의 연구자, 해당 분야 전문가 이외에도 정책 결정자, 민주당 의원, 재해대책 관계자, 행정기관 담당자, 작가, 르포라이터, 언론계 종사자, 의사,

지역 박물관 운영자, 종교인, 후쿠시마 제1원전 작업원, 어부, 농장 직원 등 다양한 직업군이 엿보인다. 도호쿠가쿠인대학 부학장으로서 창간 때부터『진재학』의 편집 전반을 통괄했던 사사키 순조 선생에게 그 사정을 서면으로 물어보았다. 그는 이렇게 답했다.

『진재학』은 학술지의 모습을 취하고 있지만, 이른바 전문 학술지는 아닙니다. 재해로 인한 상실과 비애, 건물과 도로의 파괴, 조직과 제도의 재검토 그리고 재구축, 그 일들을 경험한 사람들의 이야기를 모아낼 자가 꼭 학자만은 아닙니다.

거꾸로 학자의 눈을 통해 진재의 여러 모습을 모아내는 것은 흐린 유리 너머로 피사체를 보는 일과 같다고도 말할 수 있습니다. 다양한 방면의 사람들이 여러 형태로 파악한 재해를 있는 그대로 채록하고, 특히 '현장'과 마주한 사람들의 생생한 체험과 보고를 담을 필요가 있었습니다.[1]

_____ **11. 주제**

[표]『진재학』 필자들의 소속 유형

소속 유형	소속기관(단체)명
지역공공기관 및 자치단체	후쿠시마현립박물관, 나가노현립역사관, 토노문화연구센터, 소우마시 사회복지협의회, 시마바라시 보건소, 히가시마시 미야토 초등학교 가설자치회, 가라탄초 마을회, 구리하라시·가미초·야

---

1   사사키 순조와의 이메일 인터뷰(2021.2.16)에서 인용함.

	마토초 주민의 소리
지역행정기관 및 의회	센다이관광국제협회 국제화추진과, 미야기현 진재부흥·기획부 진재부흥추진과, 오쿠시리초 의회, 민주당
지역시민단체 및 사설연구기관	센다이 기독교연합 재해지네트워크, 도호쿠헬프, 도시조성 단체 가라카마루, 그린액션, 음악의 힘에 의한 부흥센터, NHK 대형 기획개발센터, 제국 데이터뱅크 센다이지점
지역 내외 언론사	가호쿠신보사, 시마하라신문, FM 시마바라, FM 센다이, IBC 이 와테방송, 홋카이도신문, 고베신문
지역 내외 대학연구기관	도호쿠가쿠인대학 지역공생추진기구, 죠우치대학 그리프 케어 연구소, 도쿄대학 공간정보과학연구센터, 교토대학 원자로실험 소, 구마모토가쿠인대학 미나마타학연구센터, 간사이학원대학 재해부흥제도연구소, 효고현립대학 방재교육센터, 일본여자대학 인간사회학부, 준텐도대학 스포츠건강학부, 큐슈대학 예술공학 원, 큐슈대학 공학연구원, 고려대학교 글로벌 일본연구원 사회 재난안전연구센터, 제주대학교 공동자원과 지속가능사회 연구 센터, 시카고 대학 인류학부

연구자인 필자의 학문적 배경은 지진학, 방재학, 기상학, 경관학, 사회학, 경제학, 심리학, 문학, 건축학, 공학 등으로 다양했다. 대학에 있는 연구자 말고 다른 영역에 있는 필자들이 무슨 글을 썼는지를 정리해봤다. 지역공공 기관이나 자치단체 소속의 필자들은 안전 사상과 문화·환경보전 의식·방재 교육·마음의 치유·해일과 바다의 민속·피해와 영성·일본의 지진사·과거 미야기현 지진과 해일 피해·건축의 잔존물에 관한 합의·문화재 보존·공공 시설 재개 등에 관해, 지역행정기관이나 의회 소속의 필자들은 행정시스템 과 부흥 지원 활동·정책 결정과 주민 참가·지역산업 진흥·전력공급체계·라 이프라인·공중위생·가설주택 실사·재해 공영주택·자원봉사·마을 만들기 등에 관해, 지역시민단체나 사설연구기관 소속의 필자들은 시민의 자발적

구호 및 지원 활동·재해 농가 문제·가설주택 생활·고아의 양육·재해 관련사·지역커뮤니티 복원·도시경관·지정폐기물 최종처분장 문제·IT 기술을 활용한 재해 공영주택·기업신용조사와 재해 빅데이터 등에 관해, 지역 내외 언론사 소속의 필자들은 재해와 저널리즘·중앙언론의 보도방식 문제·지역 언론의 역할·경보와 피난 시스템·피해 정보 수집과 발신·재난 보도와 SNS 의 역할·라디오의 기능·오염지도 만들기 등에 관해 논의를 전개했다.

또 한 사고 처리라는 긴급 상황 이후의 지역 부흥 단계에서는 정책 결정 자와 전문가 집단만이 아니라 다양한 사회배경의 구성원들이 지식과 지혜 를 모아낼 필요가 있어 『진재학』은 논문만이 아니라 인터뷰, 좌담, 기록, 르포르타주, 에세이 등의 형식도 시도했다.

12. 회복

[그림] 지역 부흥을 둘러싼 지역민과 중앙정부의 시각 차이

『진재학』의 기획들을 분석하면 재해지에서 중앙정부의 시각과는 차별화되는 어떠한 지역적 지식이 생산되고 지역적 실천이 시도되었는지를 살펴볼 수 있었다. 『진재학』의 모든 호에서 지역 부흥은 핵심 주제였으나 2012년에 창간되어 2013년의 제3호까지는 재해지의 피해 상황을 조명하는 데 힘을 기울였고, 장기적인 지역 부흥 과제가 본격적으로 거론된 것은 2014년의 제4호 기획인 '방조제를 생각하다'부터였다. 재해지의 응급복구 단계를 넘어서 도시계획 수립에 따른 기반시설 복구로 나아가던 시점이었다.

『진재학』에서는 연구자, 가설주택 생활자, 자원봉사자, 농민, 어부, 재해대책 실무자, 언론계 종사자, 지역 시민단체 활동가 등 다방면의 필자가 거대 방조제 건설, 고지대 이전 같은 기반시설 복구와 도시구조 재편 위주의 부흥정책이 과연 지역의 실정에 부합하는지를 되물었다. 「뒤틀린 재해 부흥의 가치관을 수정하기 위하여」에서 야마우치 히로야스는 이렇게 말했다. "재해 부흥이란 피해를 입은 상태로부터 당연한 생활을 할 수 있는 상태로까지 회복하고, 나아가 재해가 발생한 때보다 발전한 상태에 이르는 것을 의미한다. 부흥이란 이처럼 회복을 거쳐 나아가 발전하는 '단계적인 프로세스'다. 그런데 재해지의 현 상황은 회복 단계를 거치지 않은 채 발전을 향한 프로세스와 방재력의 물리적 강화가 단기간에 추진되고 있다. …… 회복을 이루지 못한 발전=개발만이 진행 되는 상태를 '부흥'이라 말하지 않는다. 그것은 부흥이 아닌 쇄신이다."[2] 이 '쇄신'을 치바 이치는 "쇼크 독트린적인 참사 편승형 부흥"[3]이라고 달리 표현했다. 아베 정권은 실제로 '창조적 부

---

2   山内宏泰, 「ずれてしまった災害復興の価値観を修正するために」, 『震災学』 13, 2019, p. 134.

3   千葉一, 「防波堤問題のその後と現状」, 『震災学』 7, 2015, p.192.

흥'이란 용어를 즐겨 사용했으며, 막대한 부흥예산이 투입된 부흥 과정은 침체기에 놓여 있던 일본 건설자본 등의 활로로 기능했다.

13. 감재

그렇다면 지역적 시각에서는 과연 어떻게 다른 부흥의 사상과 실천이 등장했던가. 『진재학』에서 기획한 지역 부흥 관련 특집들을 보면 '사전부흥', '감재', '순응적 부흥'이라는 개념군이 자주 등장했다. 이 개념들은 긴밀히 연관되어 있다. 먼저 사전부흥이란 재해가 발생했을 때 피해가 발생할 것을 상정해 부흥의 목표, 대책 등을 미리 검토해두는 것을 의미한다. 사실 사전부흥은 딱히 『진재학』만의 고유한 시각이라고 말할 수 없다. 아베 정권 역시 거대 방조제 건설과 고지대 이전이 사전 방재·부흥을 위한 사업임을 누차 강조했다. 그렇다면 중요한 것은 사전부흥의 사상적 기반과 실천적 방향이다. 『진재학』에서 제시된 사전부흥은 지진이나 쓰나미 같은 재해 원인에 대한 대처만이 아니라 거기에 사회구조적 요소가 뒤얽혀 피해가 심화되는 메커니즘을 짚기 위한 개념이었다. 이를 위해서는 지역의 취약성을 분석해 지역의 회복탄력성을 끌어올리는 과제가 중요해진다.

이와 관련된 또 다른 개념이 감재와 순응적 부흥이다. 방재(防災)가 재해를 막아낸다는 의미라면, 감재(減災)는 재해에 따른 인명이나 재산 피해를 되도록 줄인다는 의미다. 감재의 사상에는 인간은 자연을 통제할 수 없으며, 자연이 초래하는 재해 또한 모두 막아낼 수 없기에 얼마간 감내해야 한다는 자연관이 바탕에 깔려 있다. 다만 그 피해를 되도록 줄이기 위해

사전에 인간 사회의 취약성을 인지해 대처해야 하는 것이다. '순응적 부흥'
와 관해서는 필자들의 문제의식을 직접 들어보자.

　　떠들썩하게 회자되고 있는 '창조적 부흥'이란 개념이 '쇼크 독트린'의
　　재탕이라면, '순응적 부흥'이란 바로 지역이 자율적으로 부흥해 간다, 혹은
　　지역의 존재 방식을 스스로 사고해 간다는 방향성을 시사하지 않을까요.
　　…… '유연한 방재'란 획일적인 방재가 아니라 지역 각각의 경험에 근거한
　　방재라고 할 수 있겠지요.[4]

　　'순응적 부흥'이란 말로 행정 주도의 '창조적 부흥'의 반대극을 나타내고
　　싶었습니다. 그것은 생태계에 대한 순응인 동시에 자연 환경을 기반으로
　　한 생활자 세계의 가치관이나 사고형식에 순응하는 부흥이며, 각 지역 주
　　민이 행정과 협동하며 책임을 나누어갖고 부흥과 방재를 주도하는 이미지
　　입니다.[5]

이 발언들에서 '순응적 부흥'은 아베 정권이 주장한 '창조적 부흥'에 대척
하는 개념으로서 생태계와의 친화성과 생활자의 주체성을 함의하고 있음
을 알 수 있다. 사실 거대 방조제 구축의 근간이 된 '국토강인화' 정책의
영문 표기명은 'National resilience'이다. '순응적 부흥'은 자연생태의 동학
에 맞서 국토를 강화하는 방향이 아니라 거기에 조응하는 전혀 다른 대처의
방향을 시사하고 있는 것이다.

4　　千葉昭彦, 「地域経済から順応的復興を考える」, 『震災学』 8, 2016, p.223.
5　　千葉一, 「順応的復興と縮災の精神」, 『震災学』 8, 2016, p.224.

14. 지역

　『진재학』의 십년사를 통해 '지역의 시각'에서 부흥에 관한 어떠한 문제 의식이 개진되었는지를 살피다 보니 '지역에 관한 시각'도 일률적인 것이 아니었음을 알게 되었다. 『진재학』의 글들을 보면 지역은 여러 차원에서 상이한 의미로서 언급되었다. 때로는 지진·쓰나미·방사능 피해를 입은 동북 3현이라는 광역 단위를 지시하고, 때로는 중앙(도쿄)과 대비되는 주변을 가리키고, 때로는 마을 단위의 생활 터전을 뜻했다. 지역이란 말에는 지리적·사회경제적 의미만이 아니라 문화적·윤리적 가치가 함축되기도 했다.

　동일본대지진과 이후 부흥은 지역이 근간부터 흔들리고 재생하는 과정이었고, 지역 문제에 대한 사고와 더불어 지역 자체에 대한 사고가 심화되는 과정이었다. 『진재학』에서 지역은 다양한 의미로 분기했는데, 최소 다섯 가지 연관되어 있으나 구분할 수 있는 용법들이 있었다. 즉, 지역은 동일본대지진 이후 비록 외부에서 관심이 줄어들더라도 여전히 갖가지 현재진행형의 문제에 직면하고 있는 '현장'으로, 그럼에도 지역민이 그곳에서 앞으로도 생활과 생업 활동을 이어가려는 '거점'으로, 따라서 중앙정부의 부흥 정책이 그곳을 터전 삼아 살아가는 사람들에 의해 검증되어야 할 '공론장'으로, 나아가 외부의 지원에만 의존할 것이 아니라 자생력과 자치력을 키워가야 할 '단위'로, 끝으로 보다 나은 미래를 위해 그 과거와 현재를 알아야 할 '지적 대상'으로 의미화되고 있었다.

'상정 외(想定外).' 2011년 3월 11일의 지진과 쓰나미를 두고 일본 정부는 누차 이렇게 표현했다. 그것들의 크기와 세기는 기존 방조제와 원전 시설의 설계상 가정된 외력을 초과했다. 따라서 동일본대지진과 후쿠시마 참사는 일본의 안전 신화를 무너뜨리고 행정과 전문가 집단의 기존 '상정'을 재고하도록 한 사건이었다. 나아가 일본 사회와 지식계에 근원적 물음을 던졌다. 인간은 어떻게 자연과 공존해야 하는가. 사회의 본질적 풍요란 무엇인가. 효율성을 우선시하는 사회풍토는 바람직한가. 중앙집권적 사회체계를 재검토해야 하지 않는가.

그리고 재해지에는 지역 부흥에 관한 숱한 과제를 남겨놓았다. 다만 우리는 재해 이후 동북 지역을 '상정 외'의 지진과 쓰나미로 피해를 입은 예외적 지역이 아니라 쇠퇴와 부흥이라는 과제를 끌어안은 일반적 지역으로 접근해 볼 수도 있을 것이다. 동일본대지진 이전에 동북 3현은 일본의 다른 많은 지방들처럼 고령화·저출산으로 생산연령인구가 감소하고 사회자본이 노후화되고 있었다. 거기에 쓰나미와 원전사고는 산업의 기반을 무너뜨리고 인구 유출을 급증시켜 '지역의 소멸' 경향을 가속화시켜 놓았다.

이러한 조건에서 어떻게 지역을 재건할 것인가. 어떻게 사회적 관계를 복원할 것인가. 어떻게 산업을 일으킬 것인가. 어떻게 세대를 재생산할 것인가. 무엇을 우선순위로 두고 어떻게 결정할 것인가. 무엇이 바람직한 부흥의 모습인가. 이 물음들을 마주하고 있는 재해지에서의 시도와 난관은 다른 지역이 앞으로 당면하게 될 문제와 사고해야 할 지점을 미리 보여주는 측면이 있다.

가령 피해를 입은 해안가 마을은 지진으로 지반 침하가 일어나 흙을 쌓아 올리거나 쓰나미에 대비해 주거지를 고지대로 옮겨야 할 상황이다. 여기서 도시 중심부에 주거·상업 시설을 밀집시키는 압축도시(compact city) 모델을 도입해 주거지를 안전한 내륙으로 옮겨 집약하려는 구상이 제시되었다. 이에 대해 고령화와 저출산, 인구 유출 등으로 과소화될 어촌을 위해 기반시설 등을 투자하는 것은 효율적이지 않다는 의견도 나오며, 주거지를 이전하면 사는 곳과 일하는 곳이 분리되어 오랫동안 영위해온 생활의 터전이 해체되기에 받아들일 수 없다는 목소리도 존재한다. 이러한 '공간의 구조조정'은 소멸의 위기에 접어드는 많은 지역이 앞으로 맞닥뜨릴 문제다. 의식은 하고 있었지만 전격적으로 대처할 수는 없어 서서히 심화되고 지역 사회가 그 안으로 가라앉고 있는 문제다. 그런데 대지진으로 인한 급작스러운 파괴가 재해지에서 이 문제를 가속화했고, 이후의 부흥이라는 과제가 이 문제를 가시화했다.

『진재학』은 동일본대지진으로 지역이 황폐해진 이후 10년 동안 생활·생업·생태와 자생·자치·자력의 중요성을 강조하는 기획을 집념 어리게 이어왔다. 따라서 우리는 척박한 상황 속에서 축적된 일본 동북 지역의 지역 부흥을 위한 지식을 예외적인 피해 지역의 학술 성과로만 간주할 것이 아니라 한국 사회의 지역들이 당면한 문제를 직시하고 해결하기 위한 참조 지점으로 삼아 독해할 수도 있을 것이다. 재해지에서의 사람-자연-마을의 위기는 '지역의 소멸'이라는 동시대적 문제를 압축적이고 명징하게 드러내고 있으며, 그 난관을 넘어서기 위한 시도는 한국 사회가 앞으로 맞닥뜨리게 될 사고 지점을 미리 보여주고 있기 때문이다. 쓰나미 이후 미야기에서 생겨난 지난 십년간의 지식 속에는 한국 사회의 앞으로 십년을 위한 단서들이 있다.

제3장

경계에서 경험하다

'불요불급(不要不急)'한 신변잡기

온라인 강의와 마스크와 파칭코 이야기

후루카와 다케시(古川岳志)

번역: 심정명

1. 나의 코로나

코로나 재난에 대해 쓰려고 하는데, 감염 유행이 아직은 끝나지 않을 것 같아 총정리해서 이야기할 수 있는 단계는 아니다. 애초에 이러한 '재해'는 그 사람이 처한 상황에 따라 보는 방식, 받아들이는 방식도 달라지게 마련이기에 저마다가 저마다의 '내가 본 코로나 재난'에 대해 써서 남기는 것이 우선은 중요하다는 생각이 든다.

나는 대학에서 시간강사로 주에 몇 시간 강의를 하며 생활한다. 여러 대학에서 일하는데 전부 일 년 단위로 계약하는 아르바이트다. 이른바 비정규고용 노동자 중 하나인 셈이지만, 코로나의 직격타를 맞았을 음식점이나 서비스업 등의 비정규고용 노동자들에 비하면 영향은 무척 적었을 듯하다. 일은 전혀 줄지 않았고, 수입도 줄지 않았다. 현재 수입은 빠듯하게 생활을 유지할 수 있는 수준인데 이것은 코로나 전에도 마찬가지였다. 당연히 '지속화 급부금' 지급대상도 아니다. 국민연금이나 국민건강보험 감액대응 같은 것도 받지 못한다. 예전 수입이 줄어들어서 나와 같은 액수가 된 사람은 이것들을 받을 수 있겠지만, 나는 그냥 원래대로기 때문에 관계가 없다.

일 내용에는 영향이 있었다. 원격강의를 해야만 했던 것이다. 특히 2020년도 1학기(4월~9월)는 아무 준비도 없는 가운데 경험해 본 적 없는 노동환경에 급히 적응하느라 큰일이었다. 교실에서 같은 공간에 있는 수강생들에게 라이브로 이야기를 하는 형식에서 녹음·녹화한 강의 데이터를 온디맨드로 틀어주는 형식으로. 필요한 준비는 크게 달라졌다. 단, 강의 내용은 그리 달라지지 않았다. 온디맨드형 강의는 완전히 일방통행이지만, 내 담당 강의 대부분이 다수의 수강생을 대상으로 한 것으로 대면 강의 시절부터 거의 일방통행이었던 것이다. 강의 전후에 수강생과 대화를 나누거나 질문을 받는 기회도 별로 없었다. 있다 해도 시험 내용에 관한 것 정도고, 그 정도는 온디맨드에서도 메일로 받을 수 있다.

원격 강의를 하게 되어 즐거웠던 일도 조금 있다. 한밤중에 우리 집 컴퓨터 앞에 앉아 혼자 강의를 녹음하면서 라디오 DJ 기분을 맛보기도 했다. 송신한 뒤에 받는 수강생의 미니 리포트가 '청취자 편지' 같기도 해서 어쩐지 '전해졌다는 느낌'을 받기도 했다. 이것은 이제까지 교실에서 강의할 때는 경험하지 못했던 것이다. 대면강의로 돌아간 뒤 교실 뒤쪽에서 여러 수강생들이 스마트폰 게임에 열중하고 있거나 마스크를 한 채로 열심히 떠들고 있으면 이제까지와 다를 바 없는 교실 풍경이 눈에 들어와서 예의 '전해졌다는 느낌'은 어차피 환상이었음을 깨닫지만. 강의 녹음 중에는 완전한 무반응이니까 그것과 대비돼서 '편지'가 더 반짝여 보였을지도 모른다.

쌍방향적인 커뮤니케이션이 있는 소형 강의나 세미나 등 원래 대학교육으로서 바람직한 모습의 강의라면 대면형식이 분명 온라인보다 훨씬 좋다. 하지만 내가 담당하는 대형 강의는 대면과 온라인에 각각 일장일단이 있기는 해도 '질'의 차는 그리 없는 것 같다. 그게 좋은지 나쁜지는 별개로 하더라도.

요사이 SNS에서 다른 동업자의 온라인 대응방식이나 어려움에 대한 목소리도 꽤 들을 수 있었다. 교재를 만들 때의 비결 같은 것도 많이 배웠다.

개별 학생에 대한 대응이 많아 악전고투하는 사람, 대학마다 다른 온라인 시스템의 매뉴얼과 격투하는 사람, 대면강의 부활을 맞아 감염 면에서 강한 불안을 느끼는 사람, 세상에서 상상하는 학생의 요구(대면강의 재개를 강하게 바란다)와 실제 학생들의 반응(온라인이 계속되기를 바라는 학생도 많다)의 어긋남에 당황하는 사람 등, 평소에는 별로 들을 수 없었던 동업자의 고뇌를 공유할 수 있어 조금 연대의식을 갖게 되기도 했다. 이제까지는 근무하는 대학의 강사 휴게실 등에서 동업자와 인사 이상의 대화를 하는 경우는 거의 없었기 때문에 가상 휴게실이 정보량은 훨씬 풍부했다. 물론 실제로 같은 공간에서 얼굴을 마주하고 아무 것도 아닌 인사, 추워졌네요, 덥네요, 코로나 큰일이네요, 새해 복 많이 받으세요 등등의 빤한 대화를 나누는 것은 그것대로 분명 풍요롭겠지만 말이다.[1]

코로나 재난으로 나는 살이 제법 쪘다. 요 몇 년은 일주일에 12~14학점 정도 강의를 담당했고, 요일에 따라서는 하루에 두 군데를 도는 날도 있었다. 의식적으로 운동을 하지 않아도 이동만으로 하루에 만 걸음 이상 가볍게 걷는 날도 많았다. 원격 강의가 되어 그게 없어지자 운동부족이 되었다. 또 집에 있는 시간이 길면 아무래도 과자류를 덥석덥석 주워 먹게 된다.

---

[1]   실제로 같은 장소에 있다는 것이나 아무 것도 아닌 내용이라도 직접 대화할 수 있다는 것에는 역시 중요한 의미가 있다. 솔닛은 인터넷 환경이 충실해지면서 잃어버린 것에 대해 다음과 같이 쓴다. "몇 십 년 전에는 그저 이리저리 생각하거나 친하게 이야기를 나누기 위해 친구와 긴 통화를 하는 것이 보통이었지만, 지금은 내가 아는 사람 중 거의 누구도 그런 일은 하지 않는다. 전화는 예정을 다시 조정하거나 약속을 확인하는 등의 실용적인 이야기를 나누기 위해서만 존재한다. (중략) 많은 사람들이 뚜렷한 목적 없이 모이기에는 너무 바쁘다. 혹은 그렇게 할 수 있다는 것을 모른다. 종종 전투의 무대이자 추상적인 접촉인 소셜 미디어가 (교회를 포함한) 실제 장소에서 직접 만나 이야기하는 것을 대신해 버렸다." レベッカ・ソルニット,「聖歌隊に説教をする」,『それを,真の名で呼ぶならば: 危機の時代と言葉の力』, 渡辺由佳里訳, 岩波書店, 2000.

온디맨드 강의는 기본 목소리만 출연하기 때문에 다른 사람의 시선을 느낄 필요도 없었다. 일부 강의나 회의 등 줌으로 얼굴을 드러낼 기회도 물론 있었지만, 하의는 고무줄 트레이닝 바지로 충분했기 때문에 그것도 비만화에 박차를 가했다. 외출복을 거의 사지 않아도 된 것은 경제적으로 도움이 되었지만 막상 대면이 조금씩 늘면서 일 년 전에 입던 바지를 입으려고 했더니 전혀 들어가지 않아서 허둥지둥 유니클로에 한 사이즈 큰 옷을 사러 갔다. 이만큼 살이 쪘다는 것은 온라인 강의라는 노동이 육체적으로는 편했다는 뜻이리라. 아마. 일의 양은 상당히 늘은 것 같기는 하지만.

그러고 보니 줌을 써서 생중계 강의를 할 때는 마치 우리 집을 교실로 제공하는 듯한 부당한 기분을 느끼기도 했다. 자릿값 달라고 생각하기도 했지만 물론 그런 이야기는 일절 하지 않았다. 단, 이것도 지금까지와 마찬가지다. 개인 연구실을 가질 수 없는 신분인 나는 집에서 거의 모든 강의 준비를 해 왔으니까.

이러니저러니 무슨 이야기를 하고 있냐고? '코로나에 빼앗긴 일상'이란 대체 무엇이었는가 하는 이야기다. '일상 중 무언가'는 확실히 빼앗겼다. 하지만 '코로나 재난으로 일상의 고마움을 잘 알게 됐다, 다 같이 조금 더 버티고 노력해서 일상을 회복하자'라는 말을 들어도 김빠진 기분이 든다. '일상'이 그렇게 좋았나 하고.

2. 마스크를 쓴 풍경

물론 코로나 재난인 지금이 좋다는 말을 하는 것은 아니다. 공공

공간에서 마스크를 벗을 수 없는 생활은 당연히 귀찮다. 대면강의가 일부 재개되면 마스크를 낀 채로 90분, 때로는 세 시간 연속 강의로 180분 계속 떠들어야 하게 됐다. 고통 이외의 무엇도 아니다. 말하다 좀 고조되면 산소 결핍에 가까운 상태가 되기도 한다. 나는 땀이 많기 때문에 마스크가 곧장 땀으로 젖어버리는 여름은 특히 힘들었다. 강의를 나가는 대학 중 한 곳에서는 대면강의와 온라인강의를 동시에 하는 '하이브리드형'이라는 영문을 모를 형식의 강의를 요청해 왔다. 교실의 밀집을 피하기 위해 수강생을 학적번호로 통학일과 온라인일로 구분해서 통학일 학생에게 대면강의를 하면서 남은 학생들에게 컴퓨터로 동시 생중계를 하라는 것이다. 물론 담당자 여러분이 시설 현황과 감염 상황을 감안해서 쥐어짜낸 고육지책이겠지만, 내가 담당하는 강의 내용과 수강생들의 실정을 생각하면 전혀 합리적이라는 생각이 들지 않아서 자주적으로 판단해 기계적으로 나누지 않고 통학·온라인 선택을 수강생 의지에 맡기기로 했다. 그랬더니 대부분의 수강생이 온라인을 선택했기 때문에 아무도 없는 교실에서 강의를 하게 됐다. (이럴 바에야 집에서 하고 싶었지만 그것은 특별한 사정이 없는 한 허용하지 않는다고 한다.) 이따금 교실에 오는 학생이 있었다. 집 인터넷 환경이 나쁘거나 동아리 활동 등을 하러 학교에 온 김에 왔다는 등의 이유였다. 일부러 와준 학생에게는 미안하지만, 아무도 안 오면 마스크를 하지 않아도 되는데 하는 생각을 하기도 했다.

다만 마스크 생활 중에도 조금 즐거운 발견이 있었다. 마스크를 하고 있으면 입의 자유를 얻을 수 있다는 발견이다. 작은 목소리로 구시렁구시렁 불만을 말하면서 전차에 타도 되고, 뭣하면 노래를 불러도 괜찮다. 주위에 들리지 않을 정도의 음량이라면. 코로나 이전에 마스크 의존증이 화제에 오른 적이 있었다. 일본에서 마스크 착용자가 늘어난 이유는 꽃가루 알레르기 유행이 계기였던 것으로 기억하는데, 꽃가루철이 끝나도 마스크를 끼고 다니는 젊은 여성이 늘어난 것이 사회문제로 거론되었다. 연구를 진지하게 따라가지는 않았기 때문에 적당히 해석한 것이지만 '보여지는 성'으로서의 숨막힘이 주된 원인이리라고 이해했다. 시간강사로 일하는 대학에서 실제로 줄곧 마스크를 벗지 않는 여학생이 있었던 적도 있다. 나는 표면적으로는 이해하는 사람 같은 얼굴을 하고 그러고 있는 것을 긍정했지만, 실감으로서는 잘 알지 못했다. 지금은 안다. 마스크를 하고 있는 것은 꽤 편할지도 모른다는 사실을.

　관여하지 않는다는 규범으로 뒤덮여 있는 전차 안과 같은 공공공간에서 우리는 서로 무관심을 가장하면서 느슨한 상호감시를 계속한다. 여기서는 정상적인 척, 위험하지 않은 척 행동하는 것이 요구되며, 눈과 입은 연기를 계속해야 한다. 하지만 마스크를 쓰면 입은 꽤 자유롭게 움직일 수 있다. 시선이 갖는 메시지성도 약간 약해진다. 공공공간에서 낯선 타자를 눈으로 볼 때 입의 움직임이 따라오면 적의·모멸의 의미를 띠는 불온한 시선이라 여겨질 가능성이 크지만, 눈뿐이라면 어지간한 경우에는 괜찮을 것이다. 지금은 저주의 말을 입에 담으면서 타인을 볼 자유가 있는 것이다. (그게 즐거운 일인지 아닌지는 몰라도.) '마스크를 하고 있지 않다'는 것이 명백한 일탈이 됐기 때문에 그 이외의 일탈에 대한 제재적 시선은 느슨해진 것 같다. 얼마 전에 인파 속을 걷다가 눈앞에 서 있는 사람의 모습에서 순간적으로 공포를 느낀 적이 있다. 니트 모자에 선글래스를 쓰고 마스크를 한 덩치 큰 남성이 이쪽을 보고 있는 것 같았기 때문이다. 코로나 전이라면 의도적으로 보일 만큼 수상쩍은 복장이다. "지금은 코로나 세계였지"라고 다시 생각하고 경계심을 풀었다. 코로나 이전 대형 슈퍼 등에서는 "방범상의 이유로 얼굴을 다 덮는 모자의 착용은 금합니다"라는 안내방송이 나오는 곳도 있었는데, 지금은 못 내보내지 않을까? 마스크도 하지 않고 어슬렁거리는 사람에 비하면 '위험하지 않'으니까. 마치 SF 세계에 들어온 것 같다. 비정상적인 '마스크 집단' 무리 속에 내가 있음을 깨닫고 그런 감상을 가진 사람이 많을 것이다. 생각해 보면 온 동네에 수상쩍은 복장뿐이다. 정상과 비정상이 역전된 세계. 조금 즐겁다.

물론 마스크 착용은 신체적으로 고통스럽다. 마스크를 쓰고 강의를 하라니, 아무리 생각해도 부자연스럽고 무리다. 마스크 없는 자유를 되찾고 싶은 것은 당연하지만, 마스크 세계가 되고 보니 마스크에는 마스크의 자유도 있었다(그만큼 기존 공공공간에는 자신을 방어하고 싶어지는 부자유함이 있었다)는 것을 깨달았다는 말이다.

코로나는 사람들의 이동의 자유도 빼앗았다. 마음 편히 여행을 가지 못하게 됐다. 하지만 나처럼 경제적 여유가 없는 생활을 하는 사람에게는 거의 영향이 없었다. 설이나 황금주말 등 국제공항에서 중계되는 "지금부터 해외에서 지내는 사람들로 혼잡합니다"라는 뉴스를 김샌 기분으로 바라보던 몸으로서는 한산한 국제공항의 모습을 보고 꼴좋다는 말이라도 하고 싶은 비루한 기쁨조차 느끼고 말았다. 일본 정부는 감염 상황이 약간 진정됐을 때 'GoTo 트래블 캠페인'이라는 역사적으로 어리석은 정책을 실시했다. 고급 호텔 숙박이나 요리 등을 평소보다 상대적으로 저렴하게 즐길 수 있었다고 한다. 많은 사람들이 이용했다는 것은 안다. 다만 이때 '이득'을 누린 것은 통상요금의 여행도 어려움 없이 가능했던 사람들뿐이었으리라. 내게도 '이득'이 돌아오지는 않나 조금 조사해 봤지만, 역시 애초에 여행과 인연이 없는 인간에게는 아무런 관계도 없는 이벤트였다. 물론 이대로 이동 제한이 계속되면 좋겠다고 생각하는 것은 아니다. 시간강사로 근무하는 곳에서도 모처럼 일본에 유학하게 됐는데 배외주의를 의심하지 않을 수 없는 과잉 방역조치로 입국하지 못한 학생이 상당수 있어서 온라인 강의를 준비하면서 마음이 괴로웠다. 움직이고 싶은 사람이 움직일 수 있는 자유는 당연히 회복되어야 한다. 하지만 남의 일이라는 느낌은 아무래도 지울 수 없다. 자유롭게 움직일 수 있는 사람들과 그렇지 않은 사람들의 격차는 코로나가 끝나도 그대로 유지되니까.

이것은 외식 제한도 마찬가지다. 음식점에서 술을 마시거나 하는 것이 제한됐지만, 내 경우는 상근 직업의 임기가 끝나고 수입이 대폭 줄어든 이래로 외식 기회가 격감했다. 그래도 일 년에 한두 번은 술집에 가기도 했지만, 과연 계산이 얼마가 나올지 매번 쫄게 되고 가계를 생각하면 가야 할지 말아야 할지 엄청난 갈등을 겪어야 했기 때문에 후련한 느낌도 있다. 요 몇 년은 사람 만날 일도 줄다 보니 송년회, 신년회에 불리는 일도 거의 없어서 약간 적적함을 느끼기도 했지만, 사회에서 그런 이벤트 자체가 사라지다시피 한 것도 솔직히 기쁠 정도였다. (상상하건대 나 외에도 회사 등의 송년회가 없어져서 기뻐한 사람이 많지 않을지.) 외식이라 해도 저렴한 체인점은 빈번히 이용하지만, 긴급사태선언 중에도 최소한의 영업을 가능했으니 그리 불편하지는 않았다.

거듭 말하는데 코로나 재난이 가져온 현 상황이 '좋다'는 말은 물론 아니다. 여행도, 음식점도 위에 쓴 것은 이용하는 측에서의 이야기지, 일로서의 음식점이나 여행 관련 사업이 얼마나 많은 사람들의 생활을 지탱하고 있는지를 생각하면 빨리 원래대로 돌아가야 함은 말할 필요도 없다.

그리고 물론 이렇게 태평한 소리를 하고 있을 수 있는 것은 내가 지금 현재 감염되지 않았기 때문에 지나지 않는다. 세계에서 오백만 명 이상(2022년 1월 현재)이 코로나로 세상을 떠났다고 한다. 후유증으로 고통 받는 사람들도 무수히 많다. 생활을 뒤흔드는 경제적인 타격을 입은 사람들도 헤아릴 수 없다. 코로나는 전염병이 많은 사람들에게 지옥과 같은 상황을 가져온 재해였음은 틀림없으리라. 숫자가 너무 커서 되레 리얼리티가 없을 정도다. 다만 이제까지도 보고자 눈을 돌리면 전 세계에, 혹은 바로 옆에 이것과는 다른 지옥이 펼쳐져 있었던 것은 아닌가, 단지 보려고 하지 않았을 뿐인 것은 아닌가라는 생각도 떨칠 수 없다.

맨 처음에 썼듯이 지금은 아직 코로나 재난의 총정리를 할 단계가 아니다. 만일 이제부터 나나 가까운 사람이 걸리면 전혀 다른 견해를 전혀 다른 어조로 쓰게 되리라 생각한다. 다만 그것을 선취해서 코로나에 관해서는 태평한 태도를 취하면 안 된다, 진지하게 이야기해야만 한다고 필요 이상의 자세를 만들지는 않으려고 한다. 나를 규율하는 의식이나 말은 곧장 타자를 통제하고자 하는 욕망과 이어진다. '모두'가 인내하고 있으니까 너도 인내해라. 웃기지 마, 비국민 놈.

3. 파칭코와 올림픽

이번에 이러한 파시즘적 두려움을 가장 크게 느낀 것은 자숙 요청에 응하지 않는 파칭코 가게에 대한 비난에서였다. 2020년 4월 7일 도쿄, 오사카 주변의 지자체에서 첫 번째 '긴급사태선언'이 내려왔다. 키워드는

'불요불급'. 지금 할 필요가 없는 일은 참으라는 메시지가 정부·지방자치단체에서 나왔다. 음식점·대형 상업시설 등에 대해 영업정지 요청이 떨어졌다. 거기에 응한 사업자에게는 협력금이 지불된다고 하기는 했지만, 사업 실정과는 괴리가 있어서 요청에 쉽게 따를 수 없는 사업자도 적지 않았다. 그런 가운데 '자숙경찰'이라 불리는 '밀고', '사형(私刑)'적인 행위도 횡행했다. 어디어디에 있는 가게가 금지를 깨고 영업을 한다, 손님들이 모여 있다, 인터넷상에서 혹은 직접 점포에 종이를 붙이거나 항의 전화를 거는 등 '불요불급'한 행위를 계속하는 사람들에 대한 공격이 이루어졌다.

공격의 주 대상은 시기에 따라 달라졌지만 선언이 나왔을 때 가장 큰 표적으로서 이른바 '불요불급의 상징'이 된 것은 파칭코 가게였다. 행정이 주는 협력금으로는 도저히 경영을 유지할 수 없다고 판단한 파칭코 사업자 중에는 자숙 요청을 무시하고 영업을 계속하는 곳도 적지 않아서 '자숙경찰'의 딱 좋은 먹이가 되었다.

번쩍이는 네온사인으로 호객을 하는 파칭코 가게는 도시공간에서 눈에 띄는 존재다. 이번 '코로나 재난 정치' 아래 여러 슬로건들이 내걸렸지만 가장 침투한 것이 '3밀(밀집, 밀접, 밀폐)을 피하자'일 것이다. 후생노동성이 발표하고 각지 지자체에서 포스터를 배부하였으며 언론에서도 거듭 전당했다. 마치 전시 중의 국책표어 같다. 파칭코 가게는 '3밀' 그 자체라는 이미지가 있는 공간이었다. 파칭코에 열을 올리는 것은 불요불급 이외의 아무것도 아니라고 간주됐다. '제대로 된 사람'이면 일을 하고 있을 대낮에 파칭코를 즐기고 개점 전부터 좋은 기계를 노리느라 줄을 서는 파칭코 팬들. 그들을 멸시해서 부르는 '파칭레기'라는 인터넷 속어가 있는데, 팬들도 때로는 자학적으로 자칭한다. 인간의 '유용성'에 관한 사회통념적인 가치의식을 내면화하여 스스로를 '불필요한 존재다'라고 비하해서 하는 말로.

다수가 '평시'부터 이물질로 바라보던 대상을 향해 '비상시'에 노골적인 적의를 보이는 것은 무섭게도 '세상의 관습'이다. 파칭코 가게는 팬들도 포함해 어떤 사람들에게는 볼썽사나운 것, 클리어런스하고 싶은 것이었다. 첫 번째 선언이 나온 4월 말에는 몇몇 지자체가 영업을 계속하는 점포의 실명을 공표하기에 이르렀다. 모두에게 돌을 던지라고 호소한 것이나 매한가지였다. 이 기회에 아예 망하게 해버리라는 말이라도 하듯.[2]

형법에 도박금지조항이 남아있는 일본에서 파칭코의 영업형태는 꽤 회색지대이기도 하다. 경마, 경륜 등 공영 도박에는 규정법이 있어서 합법, 파칭코는 어디까지나 오락실이나 상점가의 제비뽑기와 마찬가지로 "일시적인 오락에 이바지하는 물건을 건 것에 지나지 않는"(형법 185조) 놀이로 되어 있다. 실태가 도박인 것은 누구나가 아는 사실인데. 이 점에서 규칙의 엄격한 운용을 요구하는 사람들이 적대시하기도 쉽다.[3]

---

2   의료인류학자 이소노 마호(磯野真保)는 신문 인터뷰에서 코로나를 둘러싼 배제 압력이 높아지는 데 대해 경종을 울린다. "신형 코로나는 세계적인 임팩트 때문인지 그 '새로움'만이 이야기됩니다. 하지만 지금 그 결과 사회에서 일어나고 있는 일은 '고전적'이라 해도 좋을 정도입니다. 감염 확대를 조장한다고 비판을 받은 것은 처음에는 젊은 세대, 그리고 밤거리에 있던 사람들, 나아가 파칭코 가게나 거기에 드나드는 사람들입니다." / "즉 코로나가 생기기 전부터 '사회질서를 어지럽힌다'고 손가락질당하기 일쑤던 집단을 향해 '올바름'의 곤봉을 휘두르는 것입니다." (중략) "'감염 확대에서 사회를 지키는' 것을 구실로 실제로는 사회질서를 어지럽힌다고 간주되던 사람들이 배제당한 것입니다. '감염 리스크를 제로로 만들어야 한다'라는 옳음은 강한 배제의 힘을 낳습니다. 사회 '주변'에 있는 사람에게 특히 강한 힘이 작동합니다. 리스크는 0이나 1로 말할 수 없는데 '안전한 사람이나 집단'과 '위험한 사람이나 집단'을 나누어 버립니다. 파칭코 가게의 예는 확실히 행정 주도의 '발표'였지만 개개인이 평소부터 품고 있는 질서를 흐트러뜨리는 자를 배제하고 싶다는 감각이 배제에 박차를 가한 것으로 보입니다." 「(インタビュー)社会を覆う『正しさ』新型コロナ 医療人類学者・磯野真保さん」, 『朝日新聞』 2020년 5월 8일자)

3   공영 도박도 파칭코와 마찬가지로 '불요불급'이라 간주되기 쉬운 존재다. 손님을 모으는 흥행이라는 측면도 있어서 당연히 자숙 요청의 영향을 받았다. 다만 매상만 보면 코로나

또 도박 의존증이라는 사회문제도 있어 '양식 있는 시민'을 편으로 얻기 어려운 장르이기도 하다. 영업 자숙 구역 사람들이 구역 바깥에서 영업하는 점포에 파칭코를 하러 원정을 간다는 내용이 텔레비전 와이드쇼에서 거듭 다루어졌다. 아무리 해도 도박을 그만두지 못하는 사람들, '모두' 참고 있는데 참지 못하고 나가는 사람들, 그 사람들을 먹이로 장사하는 업자, 모두의 단합을 깨트리는 이기적인 인간들의 업계. 정의의 주먹으로 마음껏 때려주면 된다. 연극이나 음악 이벤트 등 '불요불급'이라 간주되어 타격을 입은 문화적 영역이 많지만, 문화인이 제안하여 전송 이벤트로 돕는 일도 이루어졌다. 물론 그 정도 지원으로는 언 발에 오줌 누기였겠지만, 가시적인 '응원'을 얻을 수 있다는 심리적 의미는 적지 않다고 생각한다. 파칭코는 어디에서도 누구도 지켜주지 않으므로 억지로라도 영업할 수밖에 없다.

뿐만 아니라 파칭코 사업자 중에는 재일 코리안(여기서는 구식민지 조선에 뿌리가 있는 사람들을 폭넓게 가리킨다)이 많다는 것도 적대시하는 배경에 있었음은 분명하다. '평시'부터 인터넷상에서는 파칭코 가게에 대한 혐오발언이 많았다.[4] 파칭코에는 '비상시'에 '외부의 적'으로서 배제의 대상이 될 만한

이후에 전체적으로 상승했다. 근년 인터넷 투표가 주체가 됐기 때문에 이른바 집콕 수요에 들어맞은 형태다. 물론 경기에 따른 영향의 편차는 있다. 코로나 재난과 공영 도박에 대해서는 다른 기회에 다시 고찰하고자 한다.

4 인터내셔널 스쿨 '코리아 국제학원' 이사장도 겸하는 도치기현의 파칭코 경영자 김준차(金惇次)는 파칭코 업자의 조합 이사장으로서 도치기현 지사에게 영업 재개를 부탁했을 때 당한 비난에 대해 다음과 같이 이야기한다. "비방중상에 섞여 제 얼굴 사진이나 개인 정보까지 인터넷에 올라왔습니다. '일본에서 나가라', '너희 나라에서 해라' 같은 차별적인 코멘트도 적지 않았습니다." "사회가 불안에 빠져 긴장상태가 이어지면 민중의 분노가 한 방향을 향하며 무분별한 폭력이 될 때가 있습니다. 불안 속에서는 '이분자'를 제거하려고 하는 무의식적인 차별의식도 고개를 듭니다. 간토대지진 때는 '우물에 독을 풀었다'라는 유언비어 때문에 조선인이 학살을 당했습니다. 차별의식은 폭력을 가속시키기도 합니다. 그 무서움의 일단을 느꼈습니다."「明日も喋ろう[中] 栃木県遊技業共同組合理事長

조건이 여럿 겹쳐져 있었다. 이리하여 최종적으로는 거의 모든 파칭코 가게가 자숙 요청을 따르게 됐다.

나는 그 시점의 영업 자숙 요청이 완전히 비합리적이었다고까지 생각하지는 않는다. 당시의 감염 상황에서 영업방법 재검토가 필요했음은 확실할 것이다. '유흥' 같은 불요불급한 행동이 일시적으로 제한되는 것도 어쩔 수 없었다고 본다. 다만 무엇보다도 불합리한 것은 민간에는 이러한 '유흥'의 제한을 부과해 놓고 거대 '유흥' 이벤트인 도쿄2020 올림픽 준비는 착착 진행했다는 사실이다.

2020년 3월 감염자가 늘어나는 가운데 그해 여름에 예정되어 있던 올림픽을 개최하느냐 연기하느냐가 (밀실에서) 논의되었다. 연기가 발표된 것은 긴급사태선언이 나오기 고작 2주 전인 3월 24일이었다. 올림픽과 긴급사태. 이 두 가지가 모순된다는 것은 위정자들도 당연히 알았던 것이다. 그리고 올림픽 분위기를 돋우기 위해 준비되었던 항공 자위대의 전시 비행은 '의료종사자에게 감사를 표하기 위해서'라고 억지 의미를 부여하여 실시되었다.

이듬해 신규 감염자가 계속 늘어나는 가운데 여론조사에서는 '다시 연기·중지' 목소리가 더 컸음에도 불구하고 결국 대회는 무관객으로 개최되었다. 여기에 와서 "개최하기를 잘했다"라는 여론이 만들어지려는 중인 것도 포함해 그 대회가 무엇이었는지에 대해서는 다른 기회에 다시금 생각하고 싶다.

올해 초에 일본 올림픽 조직위원회의 미쓰야 유코(三屋裕子) 부회장은 위원회 직원에게 다음과 같이 훈시했다.

金惇次さん パチンコ点たたき 不安が誘発」, 『朝日新聞』神戸版, 2021년 5월 4일자.

우리가 팀 재팬의 견인자로서 각오를 가지고 "이 일본에서 두 번 다시 스포츠가 불요불급하다는 말은 못하게 하겠다"라고 한마음으로 노력하고 싶습니다.[5]

도쿄2020 올림픽은 일본의 국제적인 스포츠 이벤트 역사에서 '개최 반대 목소리'가 처음으로 가시화된 대회였다고 생각한다. '분위기를 돋우자'라는 압도적인 매스컴의 압력 앞에서는 미미한 것이었을지 모르나, 그래도 이제까지보다는 많은 사람들에게 올림픽에 대한 '이론(異論)'의 존재가 공유됐으리라. 스포츠의 사회적인 의미에 대해서도. 이것은 코로나 재난 덕분이라 해야 할지 모른다. 미쓰야 씨의 훈시는 이번에 "스포츠는 불요불급"이라는 목소리가 있었던 것이 스포츠 이권에 얼마나 큰 위협이었는지를 보여준다.

파칭코 때리기가 일단락되자 표적은 '밤거리', '젊은 세대'로 이동해 간 듯하다. 선언 기간이 끝나고 감염자 수도 진정되자 많은 파칭코 가게가 감연 대책을 철저히 하고 있음을 어필하면서 영업을 재개했다. 신문기사 데이터베이스를 검색해서 다음으로 '파칭코 가게'에 관한 기사가 나온 것은 백신 접종 장소로서 파칭코 가게를 활용한다는 내용이었다.[6]

존재기반이 약한 파칭코 가게는 권력에 협력하지 않으면 살아남지 못한다. 경찰과 강하게 이어져 있는 것은 누구나가 아는 사실이다. 신자유주의 경향이 강한 '오사카 유신회'가 오랫동안 장악하고 있는 오사카부·오사카 시정에서는 2025년에 '오사카·간사이 만국박람회'를 준비하고 있다. 버블

---

5   『東スポweb』 2022년 1월 5일 14시 39분 전송. https://www.tokyo-sports.co.jp/sports/3908132/

6   「パチンコ店 打つのはワクチン」, 『朝日新聞』大阪本社版夕刊, 2021년 9월 2일자.

붕괴 후 광대한 공터가 되어 있던 매립지 개발과 이어져 있는 사업으로 진짜 노림수는 카지노 유치다. 이 같은 오락사업에 뛰어들려고 꾀하는 파칭코 사업자도 있을지 모른다. '나쁜 놀이(파칭코, 유흥가)/좋은 놀이(스포츠, 올림픽)'의 선 긋기가 의식되듯, '나쁜 파칭코/좋은 파칭코' 구분을 의식하고 '좋은' 것이 되고자 노력하는 것은 영업전략으로서는 당연하리라.

이런 연유로 그렇게나 희생양이 되어 총공격을 받았는데도 지금은 완전히 "아아, 그런 일도 있었죠"가 돼 버렸다. 물론 파칭코 공격으로 직접적으로 다친 사람이나 사망자가 나온 것은 아닐지 모른다. 하지만 '비상시'에 집중공격을 당하는 것과 '평시'의 차별의식의 결합이 무섭다는 점에 대해서는 다시금 확인해 두고 싶다.

감염병 대책으로 대중 행동을 억제하는 방식이 얼마나 합리적이었는가? 그때 각자의 자리에서 무엇을 경험했는가? 어떠한 위험을 품고 있었나? 감염병 유행은 아직 이어질 것 같고 결론은 금방 나오지 않겠지만, 가능한 한 '분위기'에 휩쓸리지 말고 관찰을 계속하고 싶다.[7]

---

7   이 글 후반부는 온라인에서 개최된 한국문화인류학회(2021년 11월 20일) 기획세션 「한일 라운드테이블 코로나 '이후'라는 물음」에서 화제를 제공하기 위해 했던 발표 「긴급사태 선언이라는 '비상시' 체제 아래 표적이 된 파칭코에 대해」 내용을 토대로 하고 있다. 당일 논의에 기반해 재구성하고 전반부 '신변잡기'를 가필했다.

코로나 시대의 유학생 잡감(雜感)

최고은

1. 들어가며

신종 코로나 바이러스 감염증이 전 세계적으로 확산된 2020년 초부터 현재(2022년 가을)까지 약 3년이라는 시간이 지났다. 지난 3년을 돌이켜보면, 적절치 못한 발언일지도 모르지만, 시간의 흐름이 거의 느껴지지 않는다. 2020년과 2021년의 경계가 애매하고, 언제 무슨 일이 일어났는지조차 잘 기억나지 않는다. 이처럼 무시간적인 세계를 살아가고 있다는 감각은, 팬데믹 선언 이후의 2년 동안에 극심했던, 언제까지고 끝나지 않을 것처럼 계속되는 코로나의 감염 확대로 인한 이동 제한, 사람 사이의 연결이 단절된 상태에서 느끼는 고립감에 기인하고 있을 테지만, 운 좋게도 아직 코로나 감염을 겪지 않았다는 점(무증상 감염을 겪었을 가능성도 있다)과 코로나의 영향이 비교적 적었던 대학원이라는 특수한 환경과 유학생 신분이라는 개인적인 이유와도 무관하지 않을 것이다.

물론 학생 신분이라 해서 코로나의 영향을 받지 않은 것은 아니다. 아르바이트가 줄어 생계가 어려워진 경우나, 국회도서관 등 연구에 필요한 자료를 소장한 기관이 폐쇄되어 연구를 진행하지 못한 경우 등 크고 작은 어려움을 겪은 학생들도 많지만, 코로나 감염으로 중태에 빠지거나 목숨을 잃은 사람들이나, 긴급사태선언과 만연방지 등 중점조치로 생활에 큰 타격을 입은 시민들을 생각하면 나라는 개인이 겪은 코로나의 경험이라는 건 한없이 사소해서 이야기할 만한 것이 아니라는 생각밖에 들지 않는 것이다. 그럼에도 "'재해'란 그 사람이 처한 상황에 따라 보는 시각이나 받아들이는 양상도 당연히 달라지는 것이니, 개개인이 저마다의 '내가 본 코로나'에 대해 기록해두는 것이 중요할 것 같다"[1]는 후루카와 다케시의 말과, '특권적인' 위치라 여겨지는 대학원생의 고충을 토로하는 것에 겁이 나기도 하지만, "대부분의 사람들에게 보이지 않는 문제를 당사자의 시점에서 쓰는 것이 중요하다는 말에 힘이 났다"[2]는 듀선생의 말에 약간의 용기를 얻어 단편적이고 사소한 경험이나마 기록해보고자 한다.

2. 크루즈와 요코하마

초대형 크루즈선 다이아몬드 프린세스호의 코로나 집단 감염 사태는 중국에서 시작된 코로나 바이러스가 국외로 확산되기 시작한 즈음에 일어나 전 세계를 뒤흔든 '재해'였지만, 이제는 많은 사람들의 머릿속에서 잊힌 것 같다. 팬데믹 선언 전 코로나 바이러스의 두려움을 전 세계에 각인시킨 상징적인 사건인 동시에, 나름의 애착을 가지고 거주하고 있는 지역에서 일어난 일이기에 코로나 하면 떠오르는 최초의 기억이기도 하다.

2020년 1월 26일 저녁, 나는 시부야의 한 두부요리집에서 회식을 하고

1　古川岳志「「不要不急」の身辺雑記　オンライン講義とマスクとパチンコの話」『MFE= 多焦点拡張 第2号』, 2022, p.21.

2　듀선생, 「대혈투! 코로나 VS 지옥에서 기어 올라온 시간강사」, 『뉴 래디컬 리뷰』 제2권 제2호, 2022, p.161.

있었다. 한 학기를 마무리한 뒤 교수님과 학생들이 모인 자리였다. 음식은 괜찮았고 분위기도 좋았다. 두런두런 이야기를 나누던 중 중국에서 확산되고 있다던 바이러스에 대한 이야기가 나왔다. 당시에는 두려움도 그다지 크지 않았고 중국 유학생들도 참석했던 자리라 지나가듯 이야기하고 말았지만, 곧 출국 예정이 있던 한 학생이 혹시라도 공항에서 감염될까 무섭다고 말했던 게 기억난다. 2019년 연말에 뉴스에서 보았던, 자신과는 상관없을 것이라 생각했던 뉴스가 의외로 생활에 영향을 줄지도 모른다는 것을 예감했던 순간이었다.

그 예감은 생각보다 빨리 현실이 되었다. 2월 초로 예정되어 있던 한국의 학회가 신종 코로나 바이러스로 직전에 취소되었고, 출입국에 대한 규제를 예측할 수 없는 상황에서 출국하기 꺼려졌기에 비행기표를 취소했다. 그때는 이 사태가 이렇게 오래 지속될 줄 몰랐고, 이런저런 사정이 겹쳐서 그 이후로 지금까지 한국에 귀국하지 못하리라는 것은 예상하지 못했다.

학회가 취소된 2월 3일, 가나가와현 요코하마항에 입항한 대형 크루즈선 다이아몬드 프린세스호에서 검역이 시작되었다는 뉴스가 보도되었다. 홍콩에서 하선한 남성이 코로나 양성으로 확인되었기 때문이었다. 그 다음날부터는 연일 크루즈선에서 감염자가 나왔다는 뉴스가 신문지상을 뒤덮었다. 당시에는 이미 중국 내 감염자가 폭발적으로 증가하고 사망자도 다수 나온 상황이었고, 전 세계적으로 감염이 확산되고 있었지만 한국이나 일본의 감염자는 아직 두 자릿수에 머물고 있었다. 감염력에 대해서도 거의 알려진 것이 없었기에, 바이러스의 확산을 인지한 지 불과 열흘도 되지 않아 벌어진 사태에 내심 두려움을 느꼈던 기억이 난다.

그날부터 크루즈선의 감염자는 매일 증가했고, 5일부터 2주간의 격리가 시작되었다. 크루즈선에는 승객과 승무원을 합쳐 모두 3711명의 사람들이 타고 있었고, 그들은 꼼짝없이 전장 290미터, 높이 54미터, 객실수 1330실의 폐쇄된 공간에 격리되게 되었다. 승객들 중 대다수는 60세 이상이었고, 평소 지병으로 약을 복용하는 사람도 있었다. 승객들이 '약 부족' '정보 부족' 등의 메시지가 적힌 천을 내걸었고, 선내의 정확한 상황이 전달되지 않은 채 언론에서는 연일 자극적인 보도를 내보냈고, 감염증에 대한 정부 대응을 비판하는 전문가가 유튜브로 정보를 발신하는 등 일찍이 경험한 적 없는 사태에 무엇을 믿어야 할지도 모른 채 혼란스러운 국면이 계속됐다.

크루즈선이 정박한 요코하마의 다이코쿠 부두는 내가 사는 곳에서 비교적 가까웠다. 여느 때보다 오가는 사람들이 줄기는 했지만, 크루즈선의 집단 감염 상황에 대한 미디어의 요란스러운 보도가 무색하게 크루즈선과 가까운 지역에서는 이전과 다를 것 없는 일상이 지속되는 것처럼 보였다. 평소처럼 산책을 하다 멀리 건너편에 있는 크루즈선을 본 적이 있다. 보도 화면 속에서만 보았던 장면이 일상의 풍경과 맞닿아 있다는 실감을 느꼈던 그 기묘한 감각은 지금도 선명하게 떠오르는 몇 안 되는 코로나의 기억이다.

두 자리 대였던 감염자의 수는 격리 해제일이 가까워지며 세 자리로 급증했고, 검사 결과 음성으로 판명된 승객을 19일부터 하선하게 하고, 대중교통을 이용해 귀가한다는 뉴스가 보도되자, SNS 등에서 불안과 두려움을 표현하는 사람들도 있었다. 선내에서 검역을 담당하는 스태프가 토요코선을 이용해 출퇴근하고 있으니 조심하라는 말을 SNS에서 보았던 기억이 난다. 지금 생각하면 당황스럽지만, 바이러스의 실체가 거의 밝혀지지 않은 당시에는 혼란과 공포를 유발하기에 충분했다. 눈에 보이지 않는 바이러스에 대한 공포는 승객에의 차별로 이어졌다. 배에서 내려 각자 집으로 돌아간 승객들이 동네와 직장에서 차별적인 대우를 받고 있다는 보도도 한동안 이어졌다.

눈에 보이지 않는 미세한 존재에 대한 막연한 공포라는 점에서, 2011년의 동일본대지진 이후를 떠올리게 하는 점이 있었다. 10년이 지났지만 코로나와 달리 그때의 기억은 비교적 선명하다. 2011년 3월에도 나는 도쿄에 있었다. 국회도서관에 있다가 지진을 느꼈고, 지진을 처음 겪어본 터라 지진이란 원래 그런 건 줄 알았다. 대중교통이 마비되어 몇 시간을 걸어 신주쿠의 호텔에 도착했고, 14층까지 올라가 어두운 방에서 텔레비전을 켰을 때에야 비로소 무슨 일이 일어났는지 알았다. 텔레비전에서 흘러나오던 영상은 충격적이었다. 후쿠시마 원전 사고가 보도된 뒤, SNS에서는 방사능이 바람을 타고 관동 지방으로 확산된다는 이야기와 피폭에 대한 공포를 말하는 사람들의 말들이 오갔다. 조금 더 후에는 방사능에 관련된 근거 없는 소문이 떠돌았고, 그러한 유언비어와 편견은 후쿠시마 피난민에 대한 차별로 이어지기도 했다.

일본 국내뿐 아니라 한국 인터넷 커뮤니티에도 피폭 위험성이 있음에도 일본 여행을 가거나 일본에 거주하는 사람이 이해가 가지 않는다는 글들을 종종 보았다. 바이러스도, 방사능도 실재하는 위험이라는 점에서 그에 대한 불안과 공포가 이해가 가지 않는 바 아니다. 하지만 그러한 위험성의 실체를 객관적으로 파악하려 노력하는 한편, 공동성을 상실하지 않고 지켜내고자 하는 자세가 필요하지 않을까. 추상적인 말이지만, 요코하마 앞바다에 고립되어 있던 다이아몬드 프린세스호를 떠올릴 때마다 그런 생각이 든다.

승객들의 다양한 사연—결혼을 기념해 여행을 떠났다 감염으로 배우자를 잃고, 작별 인사조차 하지 못한 채 떠나보낸 노부부의 이야기 등—을 접하고 나면 더욱 복잡한 생각이 든다. 밀폐된 공간이라 바이러스가 더 빨리 확산된 건 아닐까, 만일 조금 더 일찍 하선했더라면 감염자가 그토록 폭발적으로 증가하는 일은 없지 않았을까. 크루즈선의 감염자가 증가일로이던 2월 초, 일본 상륙 전이라는 이유로 크루즈선의 감염자를 일본 국내 감염자 집계에서 제외했음을 기자회견에서 밝힌 일본 정부의 초기 대응[3] 등은 실망스럽지만, 경험해본 적 없는 상황에서 목숨을 걸고 분투한 현장 스태프들의 노력은 존중 받아야 한다고 생각한다. 그럼에도 이런 가정을 늘어놓게 되는 건, 아마도 '배'에 관련한 사고라는 점에서, 실시간으로 진행되는 사태를 미디어를 통해 그저 지켜볼 수밖에 없는 상황이 2014년의 세월호 침몰 사고를 연상시켰기 때문일지도 모른다. 두 재난이 겹쳐지면서 '배', '바다'에서 연상되는 개방성이나 이동성, 연결성 같은 이미지들이 순시에 반전되었고, 폐쇄성과 고립성이 그 자리를 대신했다. 기적을 울리며 출항하는 크루즈를 동경하는 마음으로 바라보던 기억이 이제는 너무 아득하다.

3. 분단 속의 연결

2020년 3월, '코로나 쇄국'이라 불리는 외국인 입국제한조치로 기존의 경계는 더욱 강화되었고, '우리'와 '저들' 사이의 분단은 더욱 깊어지는 듯했다. 일본 국내에서 처음 확인된 코로나 감염자가 우한을 방문했던 가나가와현의 남성이라는 사실이 보도되자, SNS상에서는 요코하마의 관광

---

3   아마도 2020년 7월 개최 예정이었던 도쿄 올림픽을 앞두고 코로나 감염의 이미지가 전 세계로 퍼져나가는 것을 우려해서일 것이다.

명소, 차이나타운과 연결 지어 차이나타운의 중국인일 것이라는 억측이 오 갔다. 차이나타운의 가게에는 중국인을 비방하는 편지가 날아들어, 감염 확대로 어려움에 처한 차이나타운에 또 다른 상처를 남겼다.

'우리'가 아닌 타자를 바이러스로 보며 배제하려는 태도는 한국인에 대한 무비자 입국을 중단한 일본 정부의 정책에서도 극명하게 드러나지만, 코로나 초기 한국의 온라인상에서도 중국 국적자 입국을 금지하라던 목소리들이 기존의 조선족 혐오와 결합되어 꽤 오랫동안 계속되었던 것으로 기억한다. 긴급재난지원금에서 영주권자, 결혼이민자가 아닌 외국인을 원칙적으로 배제한 지원정책은 말할 것도 없다.[4] 코로나 바이러스가 기존의 영토, 경계의 구분을 무효화하며 확산된 보편적인 재난이라는 현실 인식과, 국내 거주 외국인 역시 이 재난의 일상을 함께하는 우리 사회의 구성원이라는 공동체적 인식이 결여된 정책이었다.

그로부터 소위 K-방역이라 불리는 대대적인 방역 조치로 바이러스 통제에 성공을 거둔 뒤, 방역에 대한 자부심이 일종의 내셔널리즘과 결합하여 타국, 타민족에 대한 폄하나 혐오로 이어진 흐름도 결코 없었다고는 할 수 없을 것이다. 국민, 민족, 국가의 허구성을 인식하면서도 그 범주가 얼마나 견고한지를 절감한 한 해였다.

하지만 감염 방지를 위한 신체적 거리두기가 본질적으로 타인으로부터

---

4 일본의 경우, 2020년에 특별정액급부금이라 불리는 지원금을 주민기본대장에 기록된 구성원에게 일인당 10만엔 씩 지급했고, 그 후로 실시된 지자체의 지원금 정책에서도 외국인이라는 이유로 배제된 적은 없다. 하지만 여기서도 체류자격상 불법체류자로 분류되는 외국인은 배제되었으며, 코로나로 아르바이트 수입이 줄어든 학생들을 대상으로 지급한 '학생지원긴급급부금' 대상에서 조선대학교가 제외되는 일도 있었다.

의/타인에의 감염을 방지하려는 이기적인 거리화와 이타적인 관여 사이에 있다[5]는 마르셀 고셰의 지적처럼, 코로나가 반드시 분단과 단절만을 가져온 것은 아니었다. 일반적으로 감염 방지를 위해 반강제적으로 '집콕' 상태가 계속되며 고독감과 고립감을 호소하는 사람도 많았지만, 내 경우는 반드시 그렇지만은 않았다.

철학자 카트린 말라부는 코로나로 인한 격리상태에서의 격리를 말하며, 격리가 무언가를 할 수 있는 곳, '마음의 공간'을 창출함으로써 다시 사회적인 활동이 가능해진다고 논했다.[6] 물론 재택근무와 온라인 수업으로 가사노동의 부담이 증가했다는 여성이나 에너지가 넘치는 시기에 집에만 있어야 해서 괴로워하는 아이들, 폭력적인 가족과 한 공간에 있어야 하는 가정폭력 피해자들, 그리고 재택근무 자체가 불가능한 노동환경에 있는 사람들처럼, 이러한 '격리로부터의 격리'가 누구에게나 가능했던 것은 아닌 줄 안다. 하지만 체류 기간에 제약이 있는, 박사1년차 외국인 유학생이라는 지극히 개인적인 입장에서는, 코로나 초기의 2020년은 힘에 부치던 여러 일들-통학이나 인간관계에서 벗어나 오롯이 나에게 집중할 수 있는 시기이기도 했다. 박사과정에 진학하며 지도교수님이 정년퇴직한 터라 어렴풋한 불안이 마음 한 구석에 있었다. 한 시간 거리의 학교까지의 통학은 체력적으로 무척 지치는 일이었고, 어쩌다 지각이라도 하면 심한 자괴감에 휩싸였다. 쉬는 날에는 밀린 집안일을 하느라 만성 피로 상태였다. 무엇보다 하는

---

5 西山雄二編著,『今言葉で息をするために ウィルス時代の人文知』, 勁草書房, 2021, p.xiv에서 재인용.

6 カトリーヌ・マラブー, 西山雄二訳「隔離から隔離ヘールソー, ロビンソン・クルーソー, 「私」」. 위의 책, p.6.

일도 없이 바쁜 상황을 견디기 힘들었다.

수업 참가 역시 마찬가지였는데, 원체 말을 잘하는 성격도 아닌 데다 외국어로 이야기를 해야 한다는 자체가 늘 부담스러웠기에 반강제로 침묵 상태가 이어지고는 했다. 그렇게 조금씩 소모되고 있다는 느낌이 들 즈음 모든 수업이 비대면으로 바뀌었고, 모임 역시 첫해에는 거의 개최되지 않아서 철저히 혼자인 시간이 많아졌다.

줌을 이용한 온라인 수업은 처음에는 익숙하지 않았지만, 얼굴이 보이지 않는, 즉 타인의 시선으로부터 비교적 자유로운 상태이기도 했기에 이전보다 편하게 발언할 수 있었다. 반드시 얼굴을 보여야 한다는 규정도 없었기에 거의 대부분의 학생들은 비디오를 꺼놓았고, 거의 1년 가까이 같이 수업을 들으면서도 얼굴 한 번 보지 못한 사람들도 있었지만, 얼굴의 부재(?)로 인해 기묘한 안심감이 생겨나기도 한 건 사실이다. 늘 타인의 평가를 신경써야 하는 경쟁적인 분위기에서 어떤 사람이 대면수업에서 취지에 맞지 않는 발언을 하거나 말이 어눌하면 그의 얼굴은 사람들의 기억에 남을 수밖에 없다. 온라인 수업에서 참가자들은 이름으로만 표기되었고, 발언과 얼굴이 일치하지 않았기에 개인적으로는 나에 대해서도, 타인에 대해서도 별다른 편견이 생기지 않고 매번 새롭게 시작하는 느낌이 들었다. 개인에 대한 고유한 기억이 축적되지 않는다고 말할 수도 있겠지만, 한편으로는 '시선의 지옥'이라 할 만한 상황에 대한 부담이 줄어들었다. 수업 후에 교류할 기회가 없던 건 아쉬웠지만.

자연스레 발표에 대한 부담도 줄어들었다. 발제문을 일일이 프린트해서 배부해야 했던 대면수업과 달리 자료를 줌으로 공유하거나, LMS에 업로드하면 되기 때문에 늘 직전까지 준비하는 나 같은 성격의 사람에게는 고마운 환경이었다. 순간적으로 단어가 생각나지 않거나 질의응답시 곤란하거나 당황스러운 질문이 들어와도 컴퓨터로 바로 검색할 수 있었기 때문에 발표의 공포를 어느 정도 극복할 수 있는 계기가 되기도 했다. 아이러니하게도 마스크로 코와 입을 가리고, 소리를 내는 것 자체가 규제되어 침묵이 만연한 상황에서 겨우 목소리를 낼 수 있게 된 것이다.

학회 발표도 비슷했다. 이동하지 않고도 집에서 먼 곳의 학회에 참가하거나 발표할 수 있는 환경이 조성된 건 다행이었다. 아직도 아날로그적인 전통을 고수하는 학회가 많은 일본 학계의 분위기를 생각하면, 팬데믹이 아니었다면 이렇게 단시간에 디지털화가 이루어지는 일은 없었을 거란 생각도 든다. 온라인 학회가 활성화된 뒤로는 조금이라도 관심이 있는 학회는 모두 참가 신청을 했다.

참가자인 경우에는 더없이 편하게 들을 수 있었고, 발표자의 입장에서도 딱히 불편한 점은 없었지만, 질문이나 코멘트가 많지 않을 경우에는 어색한 침묵이 흐르다 끝나기도 해서 다소 허무하기도 했다. 대면이었다면 끝난 뒤의 간담회에서 이런저런 대화를 나누고 새로운 만남이 이루어지기도 하겠지만, 사실상 불가능했기에 학회 발표의 의의에 대해 고민하기도 했다. 하나 더 마음에 걸리는 건 자료 공유의 문제였다. 오프라인 학회에 비해 불특정 다수의 자유로운 참가가 가능하고 발표 자료에의 접근성도 용이한 온라인 학회의 경우, 발표자의 아이디어와 발표 자료의 저작권이 지켜질 수 있을까 하는 걱정이 들기도 했다. 미완성의 논문이라면 말할 것도 없었다. 인터넷 클라우드에 자료를 공유하는 형식을 취하는 학회도 많지만, 그 역시 모든 참가자에게 비밀번호를 공개하고 있다는 점에서 딱히 해결책이라 보기에는 어렵다.

코로나 첫해에는 반강제적으로 사람들 사이의 연결이 차단되었지만, 2021년이 되자 코로나 상황에 적응한 사람들은 나름대로 자구책을 찾기 시작했고, 그 과정에서 새로운 유대관계가 발생하기도 했다. 내가 소속된 학교에서는 2020년 7월부터 '온캠퍼스잡을 활용한 수학지원사업'을 모집하기 시작했다. 온캠퍼스잡이란 기존에 대학에서 관장하지 않았던 업무를 발견해 새로운 일자리를 창출하고, 학생들이 저마다의 지식과 기술을 이용해 참여함으로써 경험을 쌓는 동시에 경제적인 지원을 받는 제도이다. 주로 도움을 받은 사업은 일본인 학생이 외국인 유학생의 일본어 원고를 첨삭해주는 일본어 지원과 피어서포트 그룹이라는 일종의 정기 연구회였다.

실제로 운영에 관여한 스태프들은 격무에 시달렸지만, 내가 소속된 연구과에는 별도로 유학생의 일본어 지원 제도가 없었고, 연구회가 활발하게 개최되던 것도 아니었기에(단순히 내가 모르던 것뿐일 수도 있지만) 제도의 수혜를 받는 유학생 입장에서는 그저 고마울 따름이었다. 스태프들도 단순히 업무로서 처리한다기보다는, 일종의 사명감을 가지고 임하는 게 느껴졌다. 고생하는 스태프들에게 늘 미안한 마음을 가지고 있었는데, 유학생과의 교류를 통해 자신을 돌아볼 수 있었다는 말에 어렴풋이 상호부조(비대칭적이지만)라는 말을 떠올렸다. 하지만 한편으로 본래 학교나 교원들이 담당해야 할 유학생 지원 업무를 학생 지원이라는 명목으로 학생들이 맡아 하고 있는 상황에 위화감을 느끼기도 했다.

온라인 연구회나 독서회에서는 평소에는 교류할 일이 적은, 세부 전공이 다른 학생들과의 만남에서 신선한 자극을 받았고, 의외의 시사를 받는 일도 많아서 그동안 애매모호하게만 생각했던 '학제간 연계'란 것의 의미를 조금이나마 알 것도 같았다. 특히 기억에 남는 건, 학회 발표 연습 등 일본어

커뮤니케이션 서포트를 받는 시간이었다. 2주에 한 번쯤 만나 다양한 테마에 대해 이야기를 나누고는 했는데, 국적도, 성별도, 연령도, 사는 곳도 각기 다른 사람들의 느슨한 커뮤니케이션 속에서 발생하는 기묘한 편안함은 지금도 조금 그립다. 함께 이야기했던 M 선배는 야간정시제 고등학교, 그중에서도 본인 또는 부모가 외국 출신인 학생들을 둘러싼 언어 이데올로기 구조에 초점을 맞춰서 연구하고 있었는데, 나에게는 다소 생소한 분야였다. 하지만 막상 이야기를 나누다 보니, 한국의 다문화 가정 문제와도 통하는 부분이 많았고, 일본어가 모국어가 아닌 입장으로서, '일본어의 우위성'을 은연중 강요하는 일본 사회의 구조에 대해서도 평소 느끼는 바가 많았다. 일견 관련 없어 보이는 현상들은 생각지도 못한 곳에서 연결되어 있었다.

4. 포스트 코로나의 시대

여기까지 팬데믹 시기 중의 경험담을 두서없이 써보았지만, 전 지구를 덮친 극한상황에도 불구하고 보다시피 생활에 심각한 타격을 입거나 한 건 아니다. 앞에서 말했듯이 그것은 대학원생, 유학생이라는 특수한 신분 때문이기도 하지만, 유학생이라 해도 모두 처한 상황이 다르기에 개개인의 격차는 엄청날 것이다. 나의 경우는 이미 일본에 건너와 어느 정도 생활 기반이 잡힌 상태였지만, 일본 유학을 앞두고 도일만을 기다리던 유학생들의 마음고생은 이루 다 말할 수 없었을 것이다. 팬데믹이 시작된 2020년에 대학원 석사과정에 입학한 학생 중, 지도교수나 같은 연구실 사람들과 한 번도 만나지 못한 채 졸업한 사람도 적지 않다. 특히 중국 국적의 유학생의 경우, 도일하기까지 1년이 넘는 시간을 기다려야만 했다. 사비유학생의 경우, 아르바이트가 줄어들어 생계가 힘들어진 사람도 많았지만, 등록금 면제 등에서 별다른 지원을 받지 못한 경우도 있었다. 학부생의 경우도 마찬가지였는데, 3학년이 되어서야 처음으로 술자리를 가져봤다던 학부생들의 이야기에 무척 놀란 기억이 난다.

학교 밖의 격차도 심각했다. 주지하다시피, 팬데믹으로 인한 경제 위기에 대응하기 위해 각 국가들은 양적완화를 실시했고, 시중에 자금이 풀리며 실물경제와 반대로 주가와 암호화폐가 역대급으로 폭증했다. 한국의 경우, 많은 사람들이 주식시장에 신규 진입하면서 각종 미디어가 주식과 암호화폐 관련 보도로 도배되었던 것을 많은 사람들이 기억하고 있을 것이다. 주식 투자에 대한 판단은 저마다 다를 테니 논하지 않겠다. 주변에서 비교적 여유가 있는 사람들은 일찌감치 뛰어들어 자산을 불렸고, 관심은 있지만 가용 자금이 얼마 없는 사람은 뒤쳐질 수 없다는 마음에 대출을 받아 투자했지만, 생활비를 대출받아야 할 정도로 사정이 힘든 사람들에게는 그저 먼 나라 이야기일 뿐이었다. 투자에 성공해 자산을 축적한 사람들이나, 혹은 실패해 막대한 빚을 안게 된 사람들을 보며 그저 남의 일이라고 생각해야 할까. 거품은 꺼졌고 경기는 침체기로 들어섰다. 이 값비싼 청구서의 부담을 짊어져야 하는 건 비단 투자에 뛰어든 사람들만은 아닐 것이다. 투자에 대한 이익은 개인이 사유화하고 손실은 사회 전체가 공유하는 기묘한 자본주의 구조에 대해 더욱 목소리를 내야 하지 않을까?

코로나는 아직 종식되지 않았고, 오늘도 일본 전국에서는 만 명 단위의 감염자가 나오고 있지만 사회적 분위기는 이미 코로나 '이후'에 가까운 것 같다. 3년 동안의 공백을 회복하겠다는 양 연일 쏟아지는 '밝은 뉴스' 사이로 와카야마의 동물원에서 조류 인플루엔자에 감염된 오리가 발견되었고, 54마리의 새들을 예방적 살처분하고 위령제를 지냈다는 뉴스가 흘러나왔다.[7] 또다른 매체는 이러한 사태에 동물원 휴원으로 인해 관광에 영향을 끼칠 것을 우려하고 있었다. 동물원의 새들은 위령제의 대상이라도 되었지만, 똑같이 예방을 위해 살처분된 양계장의 닭들은 숫자로만 표시될 뿐이다.

코로나 바이러스가 박쥐로부터 유래되었다는 사실을 모두 알고 있으며, 이번 팬데믹으로 인간이 비인간적 존재, 동물을 비롯한 생태계와 얼마나 깊은 관계를 맺고 있는지가 드러났다. 그럼에도 동물에 대한 '예방적' 살처분은 아직도 관습적으로 이루어지고 있으며, 앞으로도 계속될 것 같다. 이러한 상황에서 '건강과대안' 연구위원 변혜진의 다음 지적을 반드시 귀담아 들어야 할 것이다.

> 박쥐동굴은 코로나19의 시발점이 아니라 더 근본적인 원인에 의한 결과일 수 있다. 지난 10년 동안 역학자들이 코로나바이러스에 대해 알아내겠다며 정작 중요하고 근본적인 발생 원인(박쥐 서식지가 왜 없어졌는지 등)은 조사하기를 꺼렸던 것을 되짚어보면, 이러한 역학적 접근은 위기에 대한 예방도, 비상사태에 대한 예비책도 될 수 없었다는 것이다.[8]

---

7   "鳥インフルで殺処分された鳥類の慰霊式 和歌山アドベンチャーワールド", TBS NEWS DIG, 2022.11.24, https://newsdig.tbs.co.jp/articles/-/212368 (검색일자: 2022년 11월 25일)

8   변혜진, "코로나19의 시발점은 '박쥐동굴' 아니다", 한겨레21, 2022.4.7, https://h21.hani.co.kr/arti/society/society_general/51820.html (검색일자: 2022년 11월 25일)

코로나 19라는 팬데믹이 우리에게 남긴 건 인간 사이의 상호의존의 중요성뿐일까. 다른 생명체와 공생하는 존재로서의 인간에 대해 심각하게 고민해봐야 할 시점이다.

2011년 후쿠시마 원전폭발과 2020년 코로나 바이러스

재난에 대한 유학생의 단편적 기록에서

가게모토 츠요시(影本剛)

1. 재해의 바깥에서

나는 2011년 3월 11일의 동일본대지진, 그리고 3월 12일의 후쿠시마 원전이 폭발했을 때 한국에 '유학생'이라는 신분으로 머물고 있었다. 일련의 소식은 매우 충격적이었지만 일본에 있는 친구들과 달리 한국에 떨어져 있다는 것은 어떤 안심감을 주었다. 왜냐하면 먹을 음식이나 마실 물이나 공기에 방사능이 얼마나 들어갔는지를 일일 신경을 쓸 필요가 없었기 때문이다. 솔직히 '나는 피했다'는 감각이 있었다.

무엇을 입에 넣느냐는 물리적 문제와 함께 일본 '사회'의 분위기라는 문제 또한 언급해야 하겠다. 지진과 원전 폭발 후 일본에서는 후쿠시마산 농산물을 '먹고 응원하자'는 슬로건이 있었다. 먹고 싶지 않다는 이들을 '지나치게 신경을 쓰는 사람'으로 취급하는 등 사회적 압박이 가해지던 시기였다. 그러한 분위기가 된 일본에서 살지 않아도 되었다는 것 또한 '나는 피했다'는 감각의 계기가 되었다.

한동안 한국 휴대폰을 들고 일본에 머물고 있으면 매주 수요일 오전 10시에 외교통상부에서 '후쿠시마 원전 지역은 여행 제한 지역이니 가지 말라'는 문자가 왔는데, 그것을 볼 때마다 일본 사회와의 거리를 느꼈다. 그것은 마치 북한 관련 뉴스가 나올 때마다 한국에 있는 나의 안전을 걱정해준 일본 친구와 같은 존재였다. 문제를 보기 위해서는 거리가 필요한 반면,

당사자에게는 문제가 보이지 않는다는 것은 흔한 일이다. 나의 입장은 이 상황을 계속 느끼는 데에 있었다. 이 입장에서 보이던 풍경을 그려보고 싶다.

2. 유학이라는 경험

2012년 6월, 일본정부는 후쿠이(福井)현에 있는 오이(大飯) 원전을 재가동시킨다고 발표했다. 나는 그 때 한국에 있던 친구들과 함께 일본대사관 앞의 '기자회견' 형식의 항의행동에 참여했다. 그 행동에 대한 기사를 인용하자.

> 사회를 맡은 코오노 다이스케 탈핵신문 편집위원은 "최근 보도에 따르면 오는 16일 일본정부는 수상과 관계 3각료 회의를 열어 정식으로 오오이 핵발전소 3,4호기 재가동을 결정한다고 한다"며 "이에 대해 우리는 일본정부의 졸속적인 재가동 추진을 즉각 철회할 것을 촉구한다"고 말했다.
>
> 또 "우리는 일본 국내뿐만 아니라 해외에 사는 일본출신자도 일본에 사는 사람들의 생명과 안전을 위협하는 일본정부의 결정에 분노의 목소리를 높인다"며 "국제적인 압력을 가할 필요가 있다고 생각한다"고 밝혔다.[1]

나는 유학생이었지만 그 자리에는 비자 없는 체류자(즉 관광비자로 한국에

---

1   「재한일본인 등 "오오이 핵발전소 재가동 철회 촉구"」(https://www.news1.kr/articles/704144)

머물고 있는 사람)도 있었다. 당시는 이명박 정권 시기였고, 한국 정부가 선호하지 않는 일본인 활동가에 대해 유명무명을 불문하고 입국 거부를 난발하던 시기였다. 무엇이 입국 거부의 기준인지 알 수 없었다. 그것은 무비자 체류자뿐만 아니라 나처럼 비자를 가지고 체류하는 사람에게 착하게 살라는 무언의 심리적 압력으로 작동했다.

유학을 한다는 것은 계속 합법적 위치에 머물러야 한다는 것이다. 따라서 그 점에 대해서는 최대한의 신경을 썼다. 그래서 어떤 집회에서 친구에게 "너는 항상 구경만 하는 것 같아"는 말을 들었을 때 동의하지 않을 수 없었다. 나의 상태를 정확히 말해주었기 때문이다. 집회나 시위에서는 물리적 충돌이라는 공포뿐만 아니라 '체류자격'(이는 '권리'가 아니라 '자격'이다)이라는 면에서도 전투경찰 가까이에 가는 것이 무서웠던 것이다.

나는 유학을 위해 장학금을 받았는데, 그 장학금을 받기 위해서는 성적 같은 것과는 완전히 무관한 예상치 못한 '신체적 조건'이 요구되었다. 그것은 첫째로 임신하지 않고 있으며, 둘째로 마약 흔적이 없으며, 셋째로 HIV 바이러스가 없으며, 넷째로 성병이 없다는 것이다. 그것이 명기된 진단서를 받아 제출해야 한다고 유학관련 서류에 쓰여 있었다. 나는 매우 당황했다. 왜냐하면 이런 사항들은 유학의 목적인 '공부'와 아무런 상관이 없거니와 일본에서는 발급이 불가능한 서류이기 때문이다. 유학을 위해 이런 서류가 필요하다고 의사에게 요청했을 때 의사는 놀라운 표정을 하면서 일본에서는 차별로 이어지는 그런 서류는 발급할 수 없으니 혈액검사를 통해서가 아니라 인터뷰를 통해 만든 소견서로 처리하자고 했다. 결국 그 서류를 제출했는데 무사히 처리된 모양이다.

그런데 유학비자는 한국 국가가 발급을 해주어야 받을 수 있다. 대등한 관계가 아니라 은혜를 준 쪽과 은혜를 받은 쪽이라는 권력관계 내부에서 행해지는 거래이기도 하다. 나는 차별의 징후가 되는 흔적이 없는 서류 작성을 의사에게 의뢰하고, 그것을 제출함으로써 차별의 재생산에 가담했다. 차별제도인 것을 알면서도 문제제기를 피했던 것이다. 유학이란 결코 '공부'만을 의미하지 않는다. 국가의 신체 관리라는 굴욕과 차별에 자발적으로 동의함으로써 사회에 그것이 차별이 아니게 보이게끔 하는 행위를 포함한다.

입국관리사무소 또한 가기 싫은 장소이다. 합법적으로 '착하게' 사는 외국인으로서는 문제되는 일이 없는데, 그 현장에서 자주 끔찍한 장면을 보게된다. 한국에 있을 때 함께 공부하는 한국 국적을 가지는 인문계열 대학원생들에게 자주 하던 말이기도 하지만, 입국관리사무소를 가서 한 시간 정도 앉아 있으면 아감벤을 읽지 않아도 될 것이다. 내가 체류하던 기간에 방문시간 예약서비스가 정비되어 길게 기다릴 필요가 없어진 덕분에 '편해'졌지만, 그전에는 몇 시간씩 기다리는 경우도 있었다. 입국관리사무소에는 나처럼 미리 여유를 가지고 서류를 챙겨서 예약을 하고 오는 이도 많겠지만 그렇지 않은 외국인 또한 꽤 있다. 생활에 여유가 없으면 서류를 마련할 여유도 없다. 그러나 창구에서는 그러한 사람일수록 불리해진다.

2017년 8월의 일이다. 나는 비자 연장을 위해 목동에 있는 출입국관리사무소에 있었다. 너무 충격을 받아서인지 기록해 놓은 메모가 있다. 입국관리사무소에서 어떤 사람이 직원에게 매달리듯 무언가를 호소하는 모습이 보였다. 내용은 잘 알 수 없으나 그 사람이 매뉴얼을 벗어나는 요구를 해서인지 행정처리가 멈췄다. 내 옆에서 대기하고 있던 외국인들이 예정보다 시간이 늦어져서 분노한 것은 확실했다. 창구 직원도 노골적으로 화를 내면서 그 외국인과 대하고 있었다. 그 외국인은 행정 수속의 흐름을 멈춘다는 물질적 저항을 만들어내고 있었다. 그런데 나는 그 외국인을 지원할 수 없었다. 왜냐하면 나도 그날 행정수속을 마쳐야 했으니까. 나는 그 외국인의 다음 순서였다. 내 번호가 불렸다. 그 외국인을 응대하던 직원과 같은 직원이었다. 나는 그 외국인의 체온이 남아 있는 의자에 앉아 체류 연장에 필요한 서류를 꺼냈다. 직원은 내 서류를 받아 한 장씩 넘기면서 행적적 흐름을 부활시켰다. 나와 직원은 유리인지 플라스틱인지로 만들어진 투명한 벽을 사이에 두고 50센티 정도의 거리로 서류를 주고받았다. 방금 전까지 노골적으로 화를 내던 직원이 나의 서류를 천천히 보고 문제없다고 판단한 모양이었다. 무사히 처리되었다. 조금 기다리다 날짜와 도장을 새로 찍은 외국인등록증을 받고 입국관리사무소를 나왔는데, 이만큼 많은 사람들에게 피폐한 느낌을 주는 장소도 드물 것이다. 거기서 외국인은 '착하게' 살지 않으면 무엇이 일어날 것인지를 확인하게 되는 것이다.

2012년 일본대사관 앞에서의 이야기로 다시 돌아가자. 그 때 일본대사관 앞에 항의문을 들고 갔는데 한국 경찰이 그것을 막았다. 직업이라 어쩔 수 없는 점도 있겠으나, 그들은 "일본 정부에 할 말이 있다면 일본에 가서 말해라", "여긴 한국 땅이야, 한국 경찰에 따라야지"라는 식의 말을 연발했다. 경찰들이 개인적 감정을 개입시킨 것이다. 이는 입을 닥치라는 의미인데, 여기에는 국가와 국민을 너무나 자연스럽게 연결시켜 삶의 현장이 아니라 신분증의 국적란에 표시된 곳에서만 권리를 주장하라는 외국인 차별의 언어가 있다. 나는 비자 연장에 차질이 생기지 않게끔 간접적으로 '동의'했지만, 이러한 직접적인 언어 또한 꽤나 들었다. 이러한 말은 '외국인'이라면, 보다 엄밀하게 말하며 상냥하거나 착하지 않게(즉 사람답게) 사는 외국인이라면 누구나 들어본 적이 있는 말이겠다. 물론 일본 경찰도 일본에 거주하는 외국인에게 같은 말을 하겠지만 말이다.

내가 그 현장에서 느낀 분노는 무엇보다 일본 정부에 대한 분노이며 우리의 항의문을 받지 않으려 한 일본 대사관에 대한 분노이다. 다음에는 한국 경찰의 언동에 대한 분노이다. 삶의 자리에서 소리를 내는 것, 그것만큼은 절대 양보할 수 없다. 내가 한국 생활을 하면서 마치 체류 조건을 유지하기 위해 동의하듯이 많은 '양보'를 했지만 말이다. 참고로 대사관 우편함에 항의문을 직접 두었지만 답은 오지 않았다.

그들이 정한 매뉴얼의 범위 내에서만 자유롭게 활동할 수 있는 존재로서의 유학생이었던 나는 나의 존재가 매뉴얼 외부로 벗어나지 않게끔 노력해야 했다. 그러나 외국인 또한 실제로 신체를 가지고 사는 존재인 한, 누군지 알 수 없는 높은 관료들이 만든 카테고리에는 결코 포함시킬 수 없는 예외가 계속, 그리고 얼마든지 나타날 것이다.

3. 방역 속의 외국인

코로나 또한 재한 외국인에게는 차별당하는 경험의 장이었다. 우선 마스크를 살 권리가 주어지지 않았다. 위생의 관점에서 봐도 코로나 바이러스는 외국인과 내국인의 차이를 알아볼 수 없을 텐데, 한국 정부는 코로나 바이러스가 그것을 알아볼 수 있다는 새로운 진실을 알고 있던 모양이다. 이는 음모론자도 놀랄 음모론이겠지만, 음모론으로 인식된 바는 없을 것이다. 왜냐하면 국가가 말했기 때문이다. 'K방역'인가 하는 말도 나왔지만 그 이면에는 음모론적 위생방침이 놓여 있었던 것이다.

그런데도 일본에서는 자국의 코로나 대책을 비판하기 위해 "한편 한국에서는 이렇게 잘하고 있는데"라는 식의 수사가 자주 사용되었다. 이는 일본 정부를 비판하기 위해 나를 포함한 외국인 차별을 행하는 한국 정부를 긍정적으로 본다는 의미가 되니, 일본 친구들에게 제발 그런 소리는 하지 말라는 말도 많이 했다. 재해 구제는 먼저 '국민'에서부터 시작된다는 것을 새삼 느끼게 만든 시기였다. 누구를 살릴 것인가라는 인종주의가 공공연하게 작동된 것이다.

그러한 가운데 2020년 4월 7일, 내가 소속돼 있던 대학교의 유학생 담당 직원에게서 마스크를 가지러 오라는 안내가 왔다. 이는 서울시가 건강보험 미가입 외국인에게 배포한 마스크였다. 면 마스크였지만 일단 받았다. 그 대학교에서는 학생증으로 인증 작업을 하고 있었고, 한국 정부가 발행한 신분증이 없는 유학생에게도 마스크를 배포하는 모양이었다. 현실을 사는 사람에 대응하려면 한국 정부가 발행한 신분증으로는 학생들을 파악할 수 없다는 것을 대학교 측은 잘 알고 있던 모양이었다. 4월 20일부터는 한국에서도 국민건강보험 미가입 외국인도 공정 마스크를 살 수 있게 되었다. '공정'의 의미가 갱신된 순간이었고 나 또한 사람 취급을 받을 수 있는 존재가 된 것이다. 한국 정부의 차별 대우 때문에 마스크를 살 수 없다는 이야기를 친구들에게 늘 했더니 마스크를 준 친구도 있었는데, 이것은 매우 고마운 기억으로 남아 있다.

2020년 4월 11일, 한국 입국 후 코로나 음성으로 자택에서 격리생활을 하던 중국인 유학생이 가까운 마트에 12분간 외출했다는 이유로 강제 추방될 우려가 있다는 보도를 보고 매우 충격을 받았다.[2] 집이 추워서 슬리퍼를 사러가다가 감시의 눈에 걸렸다고 하는데, 결국 벌금만 내고 추방되지는 않는 것으로 결정되었다고 한다. 당시 한국에서는 외국인=코로나 보유자라는 인종주의적 인식이 만연했는데 행정부 또한 그 흐름에 가담했다. 외국인은 추위를 대비하는 것으로도 추방될 수 있는 존재였던 것이다. 또 2020년 초에 있던 중국인 유학생에 대한 혐오발화는 지금 얼마나 기억되고 있을까? 그때 혐오와 편견이 '과학'의 위치로까지 올라가지 않았던가? 일본의 행정기관 또한 학교에 마스크를 배포할 때 조선학교를 제외하고 마스크를 보낸 적이 있는데, 한국의 행정기관은 과연 일본에서의 조선인 차별을 비판할 수 있는가?

바로 이 무렵, 2020년 4월에 나는 김현경이 쓴 『사람, 장소, 환대』의 일본어판을 번역 출판했다. 이 책은 코로나 이전부터 번역 작업을 시작한 책이기는 하지만 내가 외국인으로 살아오면서 느끼는 여러 감각을 언어화시켜주는 책이기도 했다. 인상 깊은 부분을 인용해보자.

> 외국인은 언어가 서툴고 체류국의 제도와 관습에 익숙하지 않다는 점 때문에, 순진하고 세상물정 모르는 어리보기나 말귀를 잘 못 알아듣는 아이의 이미지를 갖기 쉽다(외국인이 유창하게 현지어를 구사할 때는 반대로 약삭빠른 거간꾼의 이미지가 생겨난다). 텔레비전에서 외국인의 발언을 내보낼 때, 그에게 익숙한 언어로 말하게 하고 통역을 붙여주기보다는 서툴더라도 한국어로 말하게 하는 게 보통이다. 그래서 사람들은 더욱 외국인을 이런 이미지로 기억하게 된다. "고추장 메워요"하면서 손을 내젓는 모

---

2   「자가격리 중국인 유학생 12분 외출로 추방 위기」, 『한겨레』, 2020년 4월 12일. (https://www.hani.co.kr/arti/area/honam/936658.html)

습, 아니면 "사장님 나빠요"라며 울먹이는 모습으로 말이다. 외국인은 또, 다른 문화를 배우러 온 사람이라는 이미지를 갖는다. 그는 우리의 손님이자 학생이다. 우리는 그가 새로운 환경에 잘 적응하고 많은 것을 배워서 돌아갈 수 있게 도와주어야 한다. 이러한 생각은 외국인에게는 '우리나라'를 비판할 권리가 없다는 생각으로 이어진다. 외국인은 가르침과 도움을 받는 입장이므로, 체류국의 문화에 대해 이러쿵저러쿵하는 것을 삼가야 한다. 그것은 학생이 선생님을 욕하는 것만큼이나, 또는 손님이 자기를 환대해준 주인을 헐뜯는 것만큼이나 주제넘고 배은망덕한 일이다. 외국인에게 따라다니는 견습생 같은 이미지는 그에게 내국인과 같은 일을 시키면서도 더 적은 임금을 주는 것을 정당화한다. 또 어린아이에게 하듯 반말을 쓰거나 머리는 쥐어박는 일을 가능하게 만든다.[3]

4. '거리감'을 유지하기

결국 나는 대학원을 마치고 2020년 8월에 일본으로 거처를 옮겼다. 간사이 공항에 도착하자, 검역관이 비행기 안으로 들어와 비행기를 내린 뒤에 어떤 검사를 받아야하는지를 설명했다. 그런데 직원은 의학에 관련된 전문용어를 난발했다. 일본어를 알아들을 수 있는 사람으로서도 이해하기 어려웠는데, 일본어가 익숙하지 않은 사람에게는 무슨 말인지 전혀 모르는 이야기였을 것이다. 그것은 소통을 위한 설명이 아니라 '설명했다'는

---

3   김현경, 『사람, 장소, 환대』, 문학과지성사, 2015, 140-141쪽.

사실을 만들기 위한 '설명'이었다. 일본에 오자마자 한국과 다른 식으로 외국인을 범주화하는 사례부터 목격했다.

한편 일본에서의 '격리' 생활은 매우 느슨한 것이었다. 정부 홈페이지에 들어가 '격리'에 대한 복잡한 문서들을 읽어봐도 명확한 답을 찾을 수 없었다. 다른 사람들이 어떻게 '격리'하는지를 보기 위해 찾아가본 인터넷 게시판에서는 격리기간 중에 술을 마시러 나가는 것은 문제지만 장보러 가는 것은 괜찮다는 식의 설명(?)이 난무했다.

마침 친구 중에 코로나 상황 속에서 유학생 대응 업무를 맡고 있는 대학 직원이 있어서 "어디까지 할 수 있냐"고 물어봤더니, 생필품을 사기 위해 마트에 가는 것은 괜찮다는 이야기였다. 그래서 매일 아침에 편의점에 가서 신문과 커피를 사고 저녁에는 맥주를 사러 마트에 가는 '격리' 생활을 했다. 한국의 '격리' 생활과 비해 매우 느슨한 것이었다고 할 수 있다. 매일 체온 체크를 하고 체류 중인 시(市)의 담당자에게 이메일을 보내는 것이 고작이었다. 메일을 보내도 답신이 없고 불안해져서 "이런 식으로 보내면 되겠습니까?"라고 적었더니 "그렇게 하면 됩니다"라는 답이 왔다. 그냥 진공에 대고 메일을 보내는 것이 아니라 보는 사람이 있는 곳에 메일을 보내고 있었음을 확인할 수 있었다.

일본에 건너온 뒤 여러 대학에서 강의를 하면서 일본의 학생들과 만나게 되었다. 외국인 유학생으로 산 내 경험은 일본의 학생들에게 한국을 소개할 때의 기본적 관점이다. 당연히 '일본의 학생들' 중에는 한국인 유학생을 비롯해 일본에 사는 외국인들도 포함된다. 당연한 것이지만 한국에 대한 비판은 일본에 대한 비판과 항상 겹칠 수밖에 없다.

현재 나는 외국인이 아닌 입장에 서게 되었지만, 외국인으로 살면서 느낀 다양한 감정들을 외국인이 아닌 삶의 토대에서 뺄 수 없으며 빼고 싶지도 않다. 가깝기 때문에 느끼지 못한 것들이 있으며, 멀기 때문에 느낄 수 있는 것이 있다는 거리감을 잃어버리면 얌전한 '국민'이 되어버리고 차별의 재생산의 톱니바퀴로 살아버리게 되기 때문이다.

그리고 2022년 10월 11일, 한국 정부가 코로나 때문에 중단하던 외국인 단속을 재개하겠다는 방침을 낸 상황에서 이 글을 쓰고 있다.

저자 소개

가게모토 츠요시(影本剛)

한국문학전공. 현재 일본의 여러 대학교에서 조선어, 조선문화 등 시간강사업으로 살고 있다. 공저에 『한국 근대문학과 동아시아 1 일본』(소명출판, 2017), 『혁명을 쓰다』(소명출판, 2018), 『임화문학연구 6』(소명출판, 2019), 『한국근대문학의 변경과 접촉시대』(보고사, 2019), 『일본사회의 서벌턴 연구 4』(제이앤씨, 2022)가 있다. 동료들과 함께 한국어로 옮긴 책에 『프롤레타리아문학과 그 시대』(구리하라 유키오 저, 소명출판, 2018), 『잃어버린 계절』(김시종 저, 창비, 2019), 『이카이노 시집 외』(김시종 저, 도서출판b, 2019)가 있다. 일본어로 옮긴 책에 『불온한 것들의 존재론』(이진경 저, インパクト出版会, 2015), 『사람, 장소, 환대』(김현경 저, 青土社, 2020)가 있으며, 동료들과 일본어로 옮긴 책에 『피해와 가해의 페미니즘』(권김현영 편저, 解放出版社, 2023)이 있다.

남상욱

경희대학교 일어일문학과 졸업 후 도쿄대학교 총합문화연구과 초역문화과학과에서 석박사. 성균관대학교 비교문화연구소, 서울대학교 일본연구소를 거쳐 2014년부터 인천대학교 일본지역문화학과에 재직 중이다. 주로 일본의 전후 및 냉전기 문화 변동을 고찰하는 한편, 2011년 3·11 동일본대진재 이후 문학적 대응을 추적하고 있다. 이와 관련된 글로는 「3·11 이후 일본문학과 '이후'의 상상력」(『계간 창작과비평』 168, 2015), 「재난 속의 동물 돌봄과 인간—『성지Cs』 속의 인간과 동물의 경계를 둘러싸고」(『개념과 소통』, 2021) 등이, 역서로서는 『헌등사』(자음과모음, 2018)가 있다.

도미야마 이치로(冨山一郎)

1957년 교토에서 태어나 교토대학교 농학부를 졸업하였고 같은 대학 농학연구과에서 박사학위를 받았다. 오사카대학교 대학원 문학연구과를 거쳐 현재 도시샤대학교 글로벌스터디즈연구과 교수이다. 프란츠 파농과 이하 후유를 사상의 중심으로 삼아 이를 통해 오키나와를 어떻게 사고해야 할지 지속적인 질문을 던지고 있다. 저서로는『근대 일본사회와 「오키나와인」』,『전장의 기억』,『폭력의 예감』,『유착의 사상』,『시작의 앎』 등이 있다.

사쿠가와 에미(佐久川恵美)

도시샤대학교 대학원 글로벌스터디즈연구과 박사과정(2023년 3월 졸업 예정).
오키나와현 나하시에서 태어났다. 후쿠시마 원전 사고가 개개인의 생활에 미친 영향에 대해 구술조사를 하고 있다.

심정명

조선대학교 인문학연구원 HK교수.
원폭, 오키나와 전투 등 전쟁의 기억을 중심으로 일본 전후문학을 연구해 왔으며 지진과 쓰나미, 원전사고, 격차나 빈곤과 같은 여러 재난들이 문학에 어떻게 나타나는지에 대해 지속적인 관심을 가지고 공부하는 중이다.『시작의 앎』(문학과지성사, 2020), 『처음 만난 오키나와』(한뼘책방, 2019) 등을 번역했다.

윤여일

제주대학교 공동자원과 지속가능사회 연구센터 학술연구교수.
『물음을 위한 물음』,『광장이 되는 시간』,『사상의 원점』,『사상의 번역』,『지식의 윤리성에 관한 다섯 편의 에세이』,『동아시아 담론』,『상황적 사고』,『여행의 사고』를 썼다.

최고은

도쿄대학교 대학원 총합문화연구과 박사과정.
일본 전후문학을 중심으로 공부하면서, 일본 문학 작품을 한국에 소개하고 있다.

후루카와 다케시(古川岳志)

오사카대학교·간사이대학교 등에 출강 중. 오사카대학교 대학원 인간과학연구과 박사. 전공은 문화사회학·스포츠사회학이다. 주저로 『競輪文化〜「働く者のスポーツ」の社会史』(青弓社, 2018 사단법인 현대풍속연구회 제30회 하시모토 미네오(橋本峰雄)상 수상). 현재, 알려지지 않은 공영 도박의 한일 교류사를 탐구하고 있다.